# Traumfänger

## Ein Jahr in Nova Scotia, Kanada

Eine Familie aus der Region Ulm lebt 15 Monate lang in Nova Scotia, Kanada. Der Sohn geht dort zur Schule, lernt das Leben der Menschen und die überall gegenwärtige Geschichte sowie die einzigartigen und außergewöhnlichen Naturschönheiten dieser Region kennen.

Durch seine - von den Autoren geschilderten - Erlebnisse erfährt der Leser in informativer und unterhaltsamer Weise vieles über die Provinz Nova Scotia, eine der östlichen Provinzen Kanadas.

erlebt, berichtet
und photographiert
von
Beate Berg
Winfrid Berg

Wir hatten Hilfe und möchten uns dafür bedanken
Zu Hause hatten wir Hilfe durch:

Karl Wiendl
Familie Mangard
unsere Nachbarn
Martina Gröner
Hugo Diem
und
Petra und Frank Patzt.

In Kanada bedanken wir uns für wertvolle Hilfe bei
Mr. Glenn Demon, Principal
Mr. Bill Bruhm, Vice-Principal
mit den Lehrerinnen und Lehrern der
New Germany Rural High School
Nova Scotia, Canada.
The Consultants for Race Relations,
Nova Scotia International Student Program, Canada
und
Isolde, Friedrich, Matthias und Peggy Händel.

---

Alle Rechte für diese Ausgabe liegen bei den Autoren:
Beate Berg & Dr. Winfrid Berg
Weitfelderweg 36
89275 Elchingen
Tel: 0731 9273792 / Fax: 0731 9273793

Ohne ausdrückliche schriftliche Erlaubnis der Verfasser darf das Werk und auch Teile daraus, weder reproduziert, übertragen noch kopiert werden. Das Bildmaterial stammt von den Verfassern des Buches. Die Photographien wurden mit einer Sony Cyber-Shot Camara aufgenommen; 8,0 Mega Pixels, Objektiv Carl Zeiss, Vario-Sonnar 2-2,8/7,1-51.

**Impressum:**
Satz, Layout und Bildbearbeitung: Ralf Patzt, cutandrun@online.de
Vertrieb: Beate & Winfrid Berg, Marienstraße 1, 89231 Neu-Ulm

## Inhaltsverzeichnis

Landkarte Nova Scotia ............................4
Prolog ............................................6

Warum ich länger als ein Jahr lang
nach Nova Scotia, Kanada gehen musste ............8
Reisevorbereitungen ..............................8
Einreise, Ankunft und
die neue Umgebung ................................9
Bridgewater .....................................12
Schule in Kanada ................................16
Schulfeste und „Fund Raising" ...................17
Ankunft unserer Überseekisten ...................18
Auto und Führerschein ...........................19
Neues Zuhause ...................................21
Eine indianische Hochzeit .......................24
Die Geschichte der Mi´cmaq Nation ...............26
Frühling und Sommer .............................27
South Shore .....................................28
Liverpool .......................................30
White Point .....................................31
Carters Beach ...................................32
Port Medway .....................................34
Green Bay, Rissers Beach
und Crescent Beach ..............................34
The Ovens .......................................38
Lunenburg und die Bluenose ......................40
Blue Rocks ......................................43
Mahone Bay ......................................44
Chester .........................................46
Peggys Cove .....................................47
Halifax .........................................50
Dartmouth und Fishers Cove ......................53
Sommerferien ....................................54
Fundy Bay .......................................54
Küste entlang der Northumberland Straße .........59
Cape Breton .....................................62
Louisbourg ......................................66
Bras d´Or .......................................69
East Shore ......................................70

Digby Neck und Brier Island .....................72
Annapolis Royal und Port Royal ..................76
Kejimkujik Nationalpark .........................79
Herbst und Indian Summer ........................82
Halloween .......................................83
Tiere im Wald ...................................84
Winter und der erste Schnee .....................90
Weihnachten in Kanada ...........................92
Winterstürme ....................................94
Abschied ........................................97
Rückblick und das Nova Scotia
International Student Program ..................100

**Anhang**
Praktische Hinweise ............................102
Allgemeine medizinische Reisevorbereitung ......102
Medikamente und Reiseapotheke ..................102
Das West-Nil-Fieber ............................103
Sonnenschutz ...................................103
Auslands-Versicherungsschutz
und Notfalladressen ............................104
Anreisetipps für Nova Scotia ...................105
Auto-, Motorrad- und
Mobilhome Vermietung ...........................107
Hotels und Ferienhäuser ........................108
Kommunikation ..................................109
Festivals und Events an der South Shore ........110
Wetterdaten ....................................111
Nova Scotia International Student Program .....112
Literaturverzeichnis ...........................114
Biographie der Autoren .........................115

# REISEKARTE VON N

# VA SCOTIA – KANADA

# PROLOG

**Nach einer Legende der Mi´cmaq schützt der Traumfänger vor bösen Träumen.**

„Es war eine alte indianische Frau, welcher eines Tages eine Spinne besonders ins Auge fiel. Sie war fasziniert, wie die Spinne ihr Netz spann. Am nächsten Tag war die Spinne immer noch da und das Netz war größer; am dritten Tag war das Netz noch größer.

Da kam ihr Enkelsohn zu Besuch, sah, wie die Spinne ihr Netz spann und wollte die Spinne töten. Die alte indianische Frau ließ es jedoch nicht zu, dass ihr Enkelsohn die Spinne tötete.

Als der Enkelsohn die Großmutter wieder verlassen hatte, sagte die Spinne zu der Frau: „Weil du mein Leben gerettet hast, werde ich Dir einen Wunsch gewähren". Da sagte die alte indianische Frau, dass ihr einziger Wunsch sei, ein Netz spinnen zu können, wie die Spinne.

Die Spinne lehrte die alte indianische Frau, wie man ein Netz spinnt mit einem Ring und Faden. Die Spinne sagte, der Ring des Netzes stellt den Kreislauf des Lebens dar, und wenn sie in der Mitte des Netzes eine Öffnung offen lassen würde, so könnten ihre guten Träume durch die Mitte des Netzes hindurch entschlüpfen und all ihre schlechten Träume würden sich hoffnungslos in den Fäden des Netzes verfangen und zugrunde gehen im ersten Dämmerlicht des Morgens".

## Der Tramfänger wird von den vier Elementen gebildet, die für das Leben notwendig sind, um zu existieren:

**Die Erde:** Sie wird durch die Bänder und Korne symbolisiert, die den Rahmen bilden für die Herstellung der Felder. Die Bänder, wie die Korne kommen von der Mutter Erde. Sie stellen in Wirklichkeit Sand, Felsen oder den Lehm dar.

**Das Wasser:** Es wird durch die Materialien symbolisiert, aus denen der Traumfänger besteht. Ohne Wasser würden wir nicht das weiche Fell oder Leder des Rotwildes zum Aufwickeln des Bandes besitzen, ebenso wenig die Sehnen oder die Federn der Vögel. Sie alle benötigen Wasser zum Leben.

**Die Luft:** Sie wird durch die verschiedenen Felder symbolisiert, welche die Fäden im Inneren des Rahmens bilden, sowie durch den Wind, der sich in den Feldern bewegt.

**Das Feuer:** Es wird durch all das dargestellt, was die Materialien zusammenhält. Ohne die Hilfe von Vater Sonne, würde all das nicht bestehen.

Die vier Elemente sind notwendig für das Leben. Um leben zu können, müssen diese Elemente alle mit dem größten Respekt behandelt werden. „Wir leben von der Erde und kehren in diese zurück, wenn wir sterben." Das Band des Traumfängers stellt dies als „Kreis des Lebens" dar. Die Federn müssen mit großer Sorgfalt behandelt werden, da diese Federn die Seele reinigen und den Geist rein erhalten. Wenn man den Traumfänger in ein Fenster oder in eine Öffnung hängt, in dessen Nähe man schläft, hat man keine schlechten Träume mehr. Die Träume werden vom Traumfänger eingefangen. Die „guten Träume" sind glücklich und treffen auf das Netz, tanzen im Mondlicht und werden durch die Öffnung in der Mitte hindurch gelassen. Die „schlechten Träume" können nicht tanzen. Das Netz verwirrt sie und sie denken, sie könnten sich in dem Korn des Netzes verstecken und setzen sich dort fest. Wenn das erste Morgenlicht, welches das reinste Licht von allen ist, auf das Netz trifft, werden die „schlechten Träume zerstört und man hat nie wieder diesen schlechten Traum".

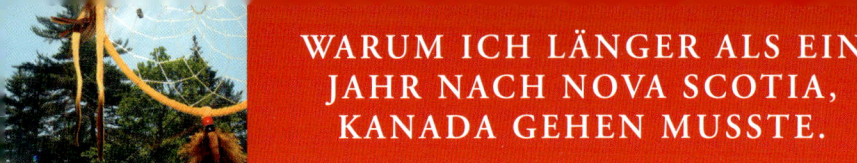

# WARUM ICH LÄNGER ALS EIN JAHR NACH NOVA SCOTIA, KANADA GEHEN MUSSTE.

Ich bin fest davon überzeugt, dass mein Vater einfach keine Lust mehr zum Arbeiten hatte und deshalb sagte er eines Tages zu meiner Mutter, er habe jetzt zunächst lange genug gearbeitet und er brauche dringend eine „Auszeit". Er hatte dafür auch den passenden Namen. Er nannte dieses Jahr ein „Sabbatjahr". Dieses Jahr sei sehr wichtig, denn dann bekäme er wieder neue und vor allem gute Ideen und außerdem würde mir aufgrund von „Pisa*", die kanadische Schule auch ganz gut tun. Das hat meine Mutter eingesehen und deshalb musste ich nach Kanada.

*PISA= Program for International Student Assessment ( Erste Erhebung im Jahr 2000).*

Studie zur Leistungsmessung der nationalen Bildungssysteme anhand der Kenntnisse und Fähigkeiten von Schülern und Schülerinnen zum Ende der Pflichtschulzeit in den drei Bereichen: Lesekompetenz, mathematische Grundbildung und naturwissenschaftliche Grundbildung. Die Bundesrepublik Deutschland zeigte im internationalen Vergleich die größten Leistungsunterschiede.
In den Gymnasien lag die mittlere Leistung erheblich über dem OECD Durchschnitt, bei den Realschulen dagegen knapp unter und den Gesamt- und Hauptschulen erheblich unter dem Durchschnitt. Kanada war unter den Spitzenreitern im Bereich Lesekompetenz und naturwissenschaftliche Grundbildung.

# REISEVORBEREITUNG

Ich sollte also in Kanada zur Schule gehen. Das ist jedoch nicht so einfach, wie man sich das vorstellt. Zuerst muss man bei der kanadischen Botschaft in Berlin ein Schüler-Visum beantragen oder wie die Kandier sagen, ein so genanntes „Student Permit". Mein Vater hat nach Berlin geschrieben, dann ein langes Formular ausgefüllt und mitgeteilt, dass wir rechtschaffene Leute sind. Das musste er sich jedoch zuerst noch von der Polizei beglaubigen lassen, die ihm und meiner Mutter ein „Polizeiliches Führungszeugnis" ausstellten. Das musste so gut sein, dass uns die Kandier auch für länger als ein halbes Jahr ins Land lassen würden.
Dann gingen meine Eltern zu verschieden Ärzten und ließen sich bescheinigen, dass sie die Zeit in Kanada voraussichtlich überleben würden und zum Schluss gingen wir noch zu unserer Bank, um uns bestätigen zu lassen, dass wir uns die Reise überhaupt leisten konnten. Zuvor hatten wir noch für die Zeit unseres geplanten Aufenthaltes ein Haus in Kanada gemietet. Auch das haben wir nach Berlin gemeldet. Das erschien uns wichtig, denn in Kanada steht überall auf Schildern geschrieben, dass man nicht herumlungern darf. Wir haben die Papiere dann an die kanadische Botschaft nach Berlin geschickt und geglaubt, dass damit alles in Ordnung sei. Leider kam nach etwa zwei Wochen von Berlin ein Brief, in dem stand, dass mein Vater wegen mir nach Berlin kommen soll, zu einem „Interview". Da mein Vater gern mit dem Flugzeug fliegt und auch eben gern einmal ohne meine Mutter nach Berlin reist, war er nicht allzu traurig darüber und hat sich auf die Reise richtig gefreut. In Berlin erging es meinem Vater aber nicht allzu gut.

Das Flugzeug kam gegen 7 Uhr morgens in Berlin an. Er durfte jedoch erst um 11 Uhr in die Botschaft, denn er war erst um 11 Uhr bestellt. Nachdem er also vier Stunden gewartet hatte, wurde er von einem Sicherheitsbeamten der Botschaft, wie auf einem Flugplatz, von Kopf bis Fuß gründlich untersucht. Erst dann konnte er in die Botschaftsräume gehen. Dort musste er wieder in einem Wartezimmer warten, bevor er den Interview-Raum betreten durfte. Irgendwie muss mein Vater im Wartezimmer keinen allzu guten Eindruck gemacht haben, denn er wurde in einen Interview-Raum gebeten, der wie ein Verhörraum in einem Gefängnis eingerichtet war, mit einem Holzstuhl, einer schusssicheren Scheibe und einem Mikrofon zum Reden. Dort hat man meinem Vater eröffnet, dass er für mich einen „Aufpasser" braucht, also jemanden, der in Kanada auf mich aufpasst. In Kanada nennt man das einen „Custodien".

Als mein Vater dies zuhause meiner Mutter erzählte, war sie der Meinung, dass das alles Quatsch sei und dass mein Vater und sie sehr wohl in der Lage seien, auch in Kanada auf mich aufzupassen. Das haben meine Eltern dann so nach Berlin geschrieben. Aber die Beamten von der Botschaft haben immer wieder nur geantwortet, sie würden ohne einen kanadischen Custodien kein Schülervisum für mich ausstellen.

Das hat sich so lange bis zu unserer Abreise hingezogen, bis wir dann einfach nach Kanada abgeflogen sind, weil wir dachten, die Beamten in Kanada könnten das besser beurteilen und einsehen, dass meine Eltern sehr wohl auch in Kanada auf mich aufpassen können. Aber das wäre beinahe böse ins Auge gegangen! Auf dem Flugplatz in Kanada wäre ich nämlich um Haaresbreite sofort wieder nach Deutschland zurück geschickt worden.

## EINREISE, ANKUNFT UND DIE NEUE UMGEBUNG

Die ganze Geschichte fing ganz harmlos bereits im Flugzeug an. Kurz vor der Landung bekamen wir vom Flugpersonal ein Formular zum Ausfüllen für den Zoll und die Einwanderungsbehörde. Hier mussten wir angeben, dass wir keine Waffen und keine Nahrungsmittel mit uns führten und dass wir auch in den letzten zwei Wochen nicht auf einem deutschen Bauernhof gewesen waren. Das konnten wir mit gutem Gewissen mit „nein" beantworten. Doch dann kamen noch zwei Fragen, die problematisch waren. Meine Mutter geht immer mit viel zu viel Gepäck auf Reisen und so hatten wir fünf Kisten mit Sachen von uns auf einem Schiff nach Kanada vorausgeschickt und deshalb mussten wir auf dem Einreiseformular angeben, dass außer dem Reisegepäck im Flugzeug noch mehr Gepäck von uns auf einem Schiff nach Kanada unterwegs war. Zu guter Letzt mussten wir die Frage, ob wir mehr Geld als 10.000 kanadische Dollar einführen würden, auch noch mit einem „ja" beantworten, denn dieser Betrag hätte für die geplante Zeit unseres Aufenthaltes in Kanada nicht ausgereicht.

Als wir auf dem Flugplatz in Kanada gelandet waren und durch den Zoll gingen, schickte man uns direkt zur Einwanderungsbehörde, weil auf unserem Zettel nicht alles mit „nein", sondern zweimal eine Frage mit „ja" beantwortet war. Dort wurden unsere Pässe und Unterlagen nochmals genau geprüft und der Beamte stellte fest, dass ich kein Schülervisum hatte und ich deshalb nicht als Schüler nach Kanada einreisen dürfe und eigentlich nach Deutschland zurück müsse und er meinte, dass wir uns in einer, so sagte er: „Desolat, schrecklichen Situation" befinden würden. Das hat meine Eltern hart getroffen, denn sie konnten mich ja nicht allein nach Deutschland zurück schicken. Mein Vater bekam vor Aufregung ganz rote Ohren! Er sagte zu dem Beamten, dass er so etwas mit uns nicht machen könne! Dann gab es ein langes hin und her. Das hat fast eine ganze Stunde gedauert. Das Problem bestand darin, dass die kanadischen Gesetze einen „Custodien" für einen ausländischen Schüler, wie mich, zwingend verlangen und gegen das Gesetz kann man nichts machen. Außerdem muss das Schülervisum in der kanadischen Botschaft in Berlin ausgestellt werden, bevor man nach Kanada einreist.

Zum Schluss stellte der Einwanderungsbeamte meinen Eltern dann jedoch doch noch ein Visum für über ein Jahr aus mit der Bedingung, dass meine Eltern in Kanada nicht arbeiten dürfen. Das hat meinen Vater sehr gefreut, und meine Mutter hat sich auch sehr darüber gefreut. Das hat meinem Vater wiederum gar nicht mehr so gefreut und er sagte, dass dies für zuhause keine Gültigkeit hätte. Dann hat der Einwanderungsbeamte uns noch dringend ermahnt, einen „Custodien" für mich zu suchen und nach zwei Wochen nochmals zurückzukommen, wenn wir hoffentlich einen „Custodien" gefunden hätten.
So bin ich nach Kanada gekommen! Das einzig Gute an der Geschichte war, dass der Beamte der Einwanderungsbehörde meinen Vater ganz eindrücklich darauf hinwies, dass ich ohne Schülervisum in Kanada nicht in eine Schule gehen dürfte.

Als wir die Einreise nach Kanada endlich so weit geschafft hatten, waren wir total erschöpft und müde. Am Flughafen mieteten wir ein Auto und fuhren zu unserem Haus, gelegen an einem See im Wald. Dort haben wir dann alles stehen und liegen lassen und sind todmüde und erschöpft ins Bett gefallen. Am nächsten Tag sind meine Eltern mit mir sofort zur kanadischen Schulbehörde gegangen, um das Problem mit dem Schüler-Visum zu regeln. Die Kanadier sind meist sehr freundlich und hilfsbereit und deshalb konnte der Beamte der Schulbehörde das, was uns bei der Einreise zugestoßen war, zunächst nicht verstehen. Er telefonierte sofort mit der Einwanderungsbehörde. Das Telefonat wurde immer länger und das Gesicht von dem Schulbeamten wurde immer ernster. Da haben wir gemerkt, dass die Sache wirklich schwirig wird.
Leider hat das gestimmt. Der Schulbeamte sagte, dass auch er nichts gegen die kanadischen Gesetze ausrichten könne und dass wir wirklich einen „Custodian" für mich bräuchten. Wie ich schon sagte, sind die Kanadier sehr freundlich und hilfsbereit, aber es ist doch nicht so einfach, jemanden zu finden, der Tag und Nacht auf mich aufpasst und für mich die ganze Verantwortung als Custodien übernimmt. Aber dann hatte der Schulbeamte doch noch eine gute Idee! Es gibt nämlich das „NSISP", das „Nova Scotia International Student Program". Diese Organisation der kanadischen Schulbehörde von Nova Scotia betreut ausländische Schüler, die in Kanada zur Schule gehen wollen und vermittelt sie an kanadische Familien. Die Gasteltern sind dann auch die Custodians. Ich wurde also kurzerhand in dieses Schüleraustausch-Programm aufgenommen. Nun hatte ich endlich meinen kanadischen „Custodian" neben meinen richtigen Eltern. Die einen bürgten für mich und die anderen, nämlich meine leiblichen Eltern, sorgten für mich, wie es sich gehört! Dass ich jetzt einen Custodien hatte, wurde an die kanadische Botschaft nach Berlin gemeldet und von dort wurde mir dann auch das Schülervisum ausgestellt und jetzt durfte ich in Kanada in die Schule gehen. Und das war das einzig Schlechte an der Geschichte!

Es war schon immer der Wunsch meines Vaters gewesen, einmal ein Jahr in Amerika zu leben. Zunächst hatten wir vor, dieses Jahr in den USA zu verbringen und zwar im Osten, weil das nicht so weit von Deutschland entfernt ist. Im Süden der Ostküste sind wir schon öfter gewesen, aber da ist es zu heiß und zu schwül. Außerdem hat uns dort schon fast einmal ein Hurrikan erwischt. Deshalb wollten meine Eltern mehr in den Norden an die Ostküste zum Beispiel in den Bundesstaat Maine. Aber da meine Mutter nicht in ein gebrauchtes Haus mit einem staubigen Teppichboden und alten Möbeln einziehen wollte und andererseits mein Vater es sich nicht leisten konnte, ein neues Haus mit kompletter neuer Einrichtung zu kaufen, wussten wir nicht, wie wir das bewerkstelligen sollten. Glücklicherweise haben wir dann von einer Familie aus Deutschland gehört, die nach Kanada ausgewandert ist und dort Häuser baut und verkauft.

Die Hausbesitzer vermieten die Häuser meist an Feriengäste. Und weil in Kanada wieder so ein neues Haus gebaut worden war, das wir für ein Jahr mieten konnten, hatten wir, was wir brauchten: Ein Haus in Amerika für meinem Vater und dazu ein neues Haus für meine Mutter. Außerdem hatten wir ein Haus mit Internetanschluss und einer Fernsehschüssel für mich, denn sonst wäre ich im kanadischen Wald ja völlig verlottert. Mit dem Internetanschluss gab es dann doch noch ein Problem.

Unser Haus war etwas von der Strasse entfernt, genauer gesagt etwa 700 Meter. Also musste eine Telefonleitung von der Strasse bis zu unserem Haus gelegt werden. Die Leitungen werden in Kanada nicht wie bei uns unter die Erde verlegt, sondern an Telefonpfosten in die Luft gehängt. Leider hatten wir das Pech, dass gerade ein Tag bevor die Telefonleitung gelegt werden sollte, die Angestellten und Arbeiter der Telefongesellschaft in den Streik traten und sich niemand mehr um unsere Leitungen kümmerte. Erst nachdem wir wiederholt zum Ausdruck brachten, wie einsam wir im Wald lebten, dort möglicherweise von einem Bären überfallen werden, oder dass sonst etwas noch Schrecklicheres passieren könnte, was wir uns jetzt noch gar nicht vorstellen können, wurden wir als Notfall eingestuft. Wenigstens haben wir dann eine Leitung bekommen! Leider aber war das nur eine Notleitung. Das bedeutete, wenn ich unsere Flat - Rate im Internet abarbeiten musste, konnten meine Eltern nicht telefonieren und auch sonst nicht angerufen werden. Aber das war ja Gott sei Dank nicht mein Problem.

# BRIDGEWATER

Wir wohnten mitten im Wald. Hier sagten sich nicht Fuchs und Hase „Gute Nacht", wohl aber Chipmunk (Erdhörnchen) und Raccoon (Waschbär). Dennoch war es Gott sei Dank nur 17 km weit bis zur nächsten Stadt, die Bridgewater heißt. Es gibt keine sicheren historischen Quellen darüber, wie die Stadt ihren Namen bekam. Man darf jedoch annehmen, dass die Gemeinde ihren Namen von dem Ort ableitet, an welchem eine „Bücke" die „Wasser" des LaHave Flusses überquerte. Erstmalig wurde an der Stelle, bis zu welcher der LaHave Fluss schiffbar ist, im Jahr 1825 eine Zugbrücke errichtet, die später durch eine Eisenbrücke ersetzt wurde, die noch heute „Old Bridge" heißt. Die Ufer des „Pitjinoiskog" oder des LaHave Flusses waren seit etwa 6000 Jahren von den Mi´cmaq Indianern besiedelt und das erste Haus von Bridgewater wurde, soweit bekannt, 1812 am westlichen Ufer des LaHave gebaut. Französische Siedler, die Protestanten aus der benachbarten Gemeinde Lunenburg, deren erste Siedler aus Deutschland, der Schweiz und der Montbéliard Region aus Frankreich stammten und die späteren Britischen Kolonisten, beeinflussten die Entwicklung der Stadt. Bridgewater besitzt heute knapp 8000 Einwohner, liegt etwa 20 Kilometer Fluss aufwärts vom Meer entfernt zu beiden Seiten des LaHave Flusses und gilt als „Die Hauptstraße der South Shore". Die Stadt besitzt zahlreiche Geschäfte, eine belebte Einkaufspassage (Mall) und zahlreiche öffentliche Einrichtungen, darunter eine Bücherei mit Internetzugang für die Öffentlichkeit.

Als Sehenswürdigkeit gilt das DesBrisay Museum, welches Interessantes aus der Geschichte der Region zeigt. Wirtschaftlich wuchs die Stadt durch einen Industriepark und zahlreiche Sportanlagen für Hockey, Schlittschuhlauf, Tennis, Curling, Golf und Baseball, sowie eine Parkanlage, die zur Erholung der Bewohner und seiner Gäste dienten. Im Sommer findet jedes Jahr in Bridgewater ein Viehmarkt mit Jahrmarkt statt. Da sind wir mit dem Riesenrad gefahren, um einen Überblick über die Stadt zu bekommen. Rund um Bridgewater im Landesinneren erstreckt sich eine Seenplatte mit zahlreichen Seen, meist miteinander verbunden durch zahllose Wasserläufe.

Bridgewater „The Old Bridge"

Der Größte dieser Seen ist der Lake Rossignol mit einer Gesamtfläche von 416 km². Das ist fast die Fläche des Bodensees. Ein eindrucksvolles Beispiel für die Größe und Abgeschiedenheit dieses Landstriches ist, dass zu diesem See nur zwei unbepflasterte Straßen führen.

Der bekannteste See ist jedoch der Kejimkujik Lake, gelegen im ehemaligen Siedlungs- und Jagdgebiet der Mi´cmaq Indianer.

*Lake Rossignol*

*Kejimkujik Lake*

Die Kanadier sind mit Recht sehr stolz auf Ihr eigenes Land. An der Straße, die wir immer nach Bridgewater zum Einkaufen fuhren, stand vor einem kleinen alten Holzhaus ein großes Schild: „For Sale". Das stand dort ewig und dann stand da plötzlich noch ein neues Schild daneben mit der Aufschrift „New Price". Das stand auch lange so herum. Aber plötzlich war vor dem Haus der Rasen tipp topp gemäht und eine kanadische Flagge hing draußen. Da wussten wir, das Haus war endlich verkauft worden

Am 1. Juli ist Canada Day und an diesem Tag war die Hauptstrasse von Bridgewater, die King Street gesperrt. Es wurde dort eine Art Straßenmarkt abgehalten und verschiedene Stände aufgebaut. Unter anderem war neben einem Country Sänger und einer Country Sängerin noch eine Schießbude. Da fiel ein größerer Junge immer in ein Wasserbecken, wenn man mit dem Ball eine Zielscheibe getroffen hatte. Jedes Mal, wenn einer also die Zielscheibe traf und der arme Kerl in das Wasser fiel, haben sich die Passanten mächtig amüsiert.

Canada Day

# SCHULE IN KANADA

Nachdem ich also endlich mein Schüler-Visum hatte, ließ es sich nicht mehr vermeiden, dass mein erster Schultag kam. Der Schultag begann mit einer Konferenz an der eine Menge Leute teilnahmen: Der Schulrektor, der Beamte der Schulbehörde, mein zukünftiger Klassenlehrer, die Vertrauenslehrerin, zwei Vertrauensschüler, meine Eltern und ich. Man erklärte mir, in welche Klasse ich komme und in welche Fächer ich eingeschrieben werde und wie das mit dem Schulbus funktioniert, der die Kinder in Kanada üblicherweise von zu Hause abholt.

Wir wohnten in Upper Branch, meine Schule lag aber in New Germany. Upper Branch gehörte leider nicht mehr zum Einzugsgebiet meiner Schule, das nur bis Hemford reichte. Aus diesem Grund musste mich mein Vater jeden morgen über die Ortsgrenze nach Hemford zu einer alten Sägemühle fahren. Von dort holte mich dann der Schulbus morgens kurz vor 8 Uhr ab und brachte mich nachmittags kurz vor 4 Uhr wieder zurück. Die Schulbusfahrer in Kanada sind sehr nett. Ich hatte eine ganz besonders lustige Busfahrerin. Sie winkte meinem Vater jeden Morgen freundlich zu und zur Weihnachtszeit hatte sie sogar eine rote Nikolausmütze auf und der Bus war vorne mit zwei großen „Candy - Canes" aus Pappe geschmückt. Außerdem kümmern sich die Busfahrer sehr um die Sicherheit der Kinder. Einmal wurde ein Busfahrer krank und der Fahrplan für die Rückfahrt von der Schule kam total durcheinander. Weil mein Vater dem Bus entgegen gefahren war und ihn natürlich verpasst hatte, war niemand da, um mich ab zu holen, als mein Bus an der Sägemühle ankam. Da hat die Busfahrerin eine halbe Stunde gewartet, bis mein Vater endlich aufkreuzte, um mich in Empfang zu nehmen. Die Schule ist in Kanada erst nachmittags zu Ende. Eine dreiviertel Stunde dauerte die Mittagspause, während der man in der Cafeteria etwas zu Essen kaufen konnte. Ich habe meistens immer nur Pizza gegessen. Im Grunde geht es in Kanada in der Schule auch nicht anders zu als in Deutschland. Nur die Sitten

waren lockerer. Während des Unterrichtes durfte man trinken, wenn man Durst hatte und sogar Kaugummi kauen und niemand sagte etwas. Trotzdem waren die Kinder viel braver als in Deutschland und ärgerten die Lehrer weniger. Wahrscheinlich kommt das daher, weil die Eltern in Kanada ihre Kinder besser erziehen!

Kanada besitzt zwei offizielle Landessprachen: Englisch und Französisch und so findet auch der Unterricht in einigen Fächern in englischer oder in französischer Sprache statt. Vermutlich weil ich in Deutschland in Französisch eine Eins hatte, wurde ich zum Geschichtsunterricht in die „französische" Klasse eingeteilt. Leider war nicht beachtet worden, dass ich in Deutschland bisher nur sieben Monate Französisch Unterricht gehabt hatte. Ich lernte jetzt also Geschichte auf Französisch. Verstanden habe ich freilich nichts! Aber das machte nichts, erstens interessiert mich Geschichte ohnehin nicht, und zweitens war das auch nicht schlimmer als in Deutschland. Da hatte ich zwar alles verstanden, aber trotzdem nicht viel gewusst. Weil ich erst gegen Ende des Schuljahres in die Klasse gekommen war, hat man mir Zeit zum Eingewöhnen gegeben. Die Abschlusstests musste ich trotzdem mitschreiben, aber gezählt haben sie noch nicht. Dennoch ging es ganz gut, vor allem, weil man beim Test offiziell in den Büchern und im Heft nachschauen durfte. Nach sechs Wochen Schule war das Schuljahr schon wieder zu Ende und die Sommerferien begannen. So sollte das immer sein! Das Ende des Schuljahres wurde mit einer „Prom" gefeiert. Die „Prom" ist jedes Jahr das höchste

Fest für die Schüler in einer kanadischen Schule, doch das wusste ich zu diesem Zeitpunkt noch nicht. Das Schulfest begann abends um sieben Uhr und mein Vater brachte mich mit dem Auto zur Schule. Als ich ausgestiegen war, dachte ich zunächst, ich sei falsch und bei einer Hochzeit gelandet. Alle waren festlich gekleidet, die Mädchen teilweise in Abendkleidern und die Jungs mit Anzug und einige sogar mit Schlips. Da kam ich mir mit meinen ausgefransten Jeans und meinem T-Shirt doch etwas „underdressed" vor, aber das hat sich schnell gegeben und der Abend wurde doch noch ganz nett.

## SCHULFESTE UND FUND RAISING

In Kanada verbringt man viel mehr Zeit in der Schule und zwar nicht nur zum Lernen. Die Schule spielt im gesamten Tagesablauf und in der Freizeitgestaltung eine wichtige Rolle. Es fanden neben dem Freizeitsport auch zahlreiche Musik - und Theaterveranstaltungen statt. Jeden Monat gab es ein Schulfest. Wir nannten dies ganz einfach nur „Dance". Wer Lust hatte, kam an diesem Abend gegen halb sieben in die Schule und das „Dance" ging dann bis halb elf. Es spielte eine Band, wie in einer Disco und wir hatten alle mächtig viel Spaß! Der Eintritt kostete allerdings 7 Dollar. Überwacht wurde alles von einem „Security Service". Einmal wurde ich von zu Hause von Freuden abgeholt, weil meine Eltern noch etwas zu erledigen hatten. Obwohl ich ursprünglich meinen Vater gebeten hatte, mich wie üblich um halb elf von der Schule abzuholen, boten mir meine Freunde an, mich auch wieder nach Hause zurück zu bringen. Ich schrieb also meinen Eltern einem großen Zettel, dass ich auch wieder heim zurück gebracht werde und heftete den Zettel direkt neben dem Türschloss an die Haustür. Meine Eltern haben diesen Zettel natürlich nicht bemerkt und so fuhr mein Vater zur Schule, um mich um halb elf abzuholen. Weil ich bei meinen Freunden war, wartete mein Vater vor der Schule im Auto vergebens auf mich. Da ich nicht erschien, bekam er es mit der Angst zu tun und informierte die „Security", dass ich weg sei. Darauf forschte die „Security" und der Vice Principal der Schule so lange nach mir, bis sie über Schüler, die noch zufällig anwesend waren, erfuhren, dass ich von meinen Freunden nach Hause zurück gebracht wurde. Als sich mein Vater später für all diese Mühen bedankte, bekam er vom Vicc Principal der Schule die Antwort: „Wir passen auf und normalerweise gehen uns auch keine Schüler verloren". Dieses „Dance" machte mächtig Spaß und ich bin immer hin gegangen. Auf der anderen Seite war es für die Schule ein ertragreicher Abend. Die Band, die dort spielte, war unsere Schulband und wenn etwa 500 Schüler pro Abend anwesend waren, die jeweils 7 Dollar Eintritt bezahlt hatten, war dies für die Schule eine lohnende Einnahmequelle! Die Schulen in Kanada müssen sich nämlich durch solche Aktionen, die man „Fund Raising" nannte, zum Teil selbst finanzieren. Die Schulleitung entwickelte hierfür zahlreiche Ideen, um an das Geld zu kommen. Kurz nach Beginn des Schuljahres bekamen eines Tages sämtliche Schüler jeder 20 Tafeln Schokolade in einer Tüte in die Hand gedrückt. Diese Schokoladentafeln sollten wir für jeweils 2 Dollar verkaufen! Gott sei Dank waren zu dieser Zeit gerade die Freunde meiner Eltern bei uns zu Besuch und zusammen mit meinen Eltern wurde ich die 20 Tafeln Schokolade auch wirklich los. Unsere Freunde nahmen ihre zehn Tafeln Schokolade als Reisepräsent mit nach Deutschland und die gesamte Familie hatte für Wochen genug Schokolade. Ich hatte meine 20 Tafeln verkauft und konnte den Erlös in der Schule abliefern.

# ANKUNFT UNSERER ÜBERSEEKISTEN

Vor unserer Abreise hatten wir in Deutschland fünf Holzkisten voll gepackt mit Sachen, die wir glaubten, in Kanada unbedingt zu brauchen. Die Kisten wurden in Deutschland von einer Speditionsfirma abgeholt und mit dem Schiff nach Kanada verfrachtet. Zum Abholen der Kisten kam ein Aushilfsfahrer ohne Frachtpapiere. Der hat die Kisten einfach auf seinen Lastwagen aufgeladen und ist dann weggefahren. Wir waren gar nicht so sicher, ob wir die Kisten jemals wieder sehen würden.

Das wäre besonders deshalb ärgerlich gewesen, weil in einer der Kisten eine Flasche Schnaps war, den man „Linie Aquavit" nennt. Den Schnaps hatten meine Eltern unseren Freunden nach unserer Rückkehr versprochen, die uns die Kisten geliehen hatten. Der Schnaps heißt deshalb „Linie Aquavit", weil er in Fässern monatelang über das Meer gefahren wird, um angeblich besser zu werden. Und da dachten wir, dass der Schnaps noch besser werden würde, wenn er zusätzlich noch einmal nach Kanada und wieder zurück nach Deutschland gefahren wird. Nach drei Wochen erhielten wir die Nachricht, dass unsere „Cases", denn so hießen unsere Kisten inzwischen, in Kanada angekommen waren. Wir sollten sie bei einer Spedition in Halifax abholen. Da die Kisten nicht in unser Auto passten, mieteten wir einen kleinen Lastwagen und fuhren nach Halifax. An diesem Tag regnete es ununterbrochen und es war nebelig. Ich glaube, es war einer der scheußlichsten Tage, die wir in Kanada je erlebt haben.

Zuerst gingen wir zu der Speditionsfirma, die unsere „Cases" per Container nach Halifax transportiert hatte. Das Büro der Speditionsfirma befand sich in der Sackville Street unten am Hafen von Halifax, was Sinn gibt. Von dort wurden wir zum Zoll geschickt. Der Zoll liegt ganz in der Nähe, nur etwas weiter Hang aufwärts, was auch Sinn gibt. Dort hofften wir, unsere Kisten zu bekommen. Der Zollbeamte fragte zuerst nach unseren Pässen. Mein Vater zeigte seinen Pass und den Pass meiner Mutter vor. Gott sei Dank hatten beide ein Visum für über ein Jahr und somit war klar erkennbar, dass wir die Kisten auch wirklich brauchten. Dann prüfte der Zollbeamte die Inhaltsliste unserer Kisten und ermahnte uns, alles, was wir in den Kisten hatten, auch wieder bei unserer Rückkehr nach Deutschland zurück zu nehmen und ja nichts zu verkaufen. Wir hatten jedoch meist nur alte Klamotten mitgenommen, die wir in Kanada zurücklassen wollten. Deshalb hat mein Vater vorsichtig gefragt, was wir machen sollten, wenn uns eine Hose kaputt geht. Da sagte der Zollbeamte, dass das, was weggeworfen wird, natürlich nicht mehr nach Deutschland zurück muss.

Größere Probleme gab es mit unseren Gummistiefeln. Der Zollbeamte wollte wissen, ob an den Sohlen nicht vielleicht noch deutsche Gartenerde klebt, da landwirtschaftliches Gut auf keinen Fall nach Kanada eingeführt werden darf. Wir sagten, die Gummistiefel seien nagelneu und noch nie getragen worden. Das hat er uns dann auch, Gott sei Dank, geglaubt. Keine Probleme verursachte dagegen die bereits genannte Flasche Schnaps für unsere Freunde. Als mein Vater sagte, dass die Flasche sicher wieder zurück nach Deutschland geht, weil er beabsichtige, sie nach unserer Rückkehr zusammen mit unseren Freunden auszutrinken, strahlte der Zollbeamte übers ganze Gesicht und sagte sehr verständnisvoll: „Ah, you'll enjoy it!" Alles verlief entgegen unseren bisherigen Erfahrungen recht problemlos und wir bekamen auf unsere Inhaltsliste von den Kisten einen schönen roten Stempel. Aber unsere Kisten bekamen wir noch lange nicht! Jetzt hieß es, wir müssen zur landwirtschaftlichen Zoll-Einfuhr-Kontrolle und die liegt gerade am entgegen gesetzten Ende von Halifax in Dartmouth, was nun überhaupt keinen Sinn gibt.

Dartmouth kannten wir schon, denn wir hatten uns in Halifax schon einmal jämmerlich verfahren und sind dann plötzlich in Dartmouth gelandet.

Dann mussten wir bei Regen und Nebel über eine der großen Brücken zum gegenüberliegenden Ufer des Hafens nach Dartmouth fahren. Schließlich haben wir dennoch das Büro für die landwirtschaftliche Zoll-

Einfuhr-Kontrolle gefunden. Hier bekamen wir zu unserem schönen roten Stempel auf unserem Formular noch einen schwarzen Stempel hinzu. Aber unsere Kisten bekamen wir immer noch nicht!

Den Stempel haben wir wahrscheinlich nur deshalb so schnell und einfach bekommen, weil wir inzwischen sehr müde und nicht wie Schmuggler aussahen. Um die Kisten endlich zu erhalten, ging es durch Regen und Nebel wieder zurück auf die andere Hafenseite zu den Lagerhallen einer weiteren Speditionsfirma im „Bayers Park". Das ist ein Industrie- und Einkaufgelände, welches Gott sei Dank in Richtung nach Hause lag. Dort angekommen, wusste die Büroangestellte zu unserem großen Schreck nichts von irgendwelchen Kisten aus Deutschland. Außerdem habe sie es noch nie erlebt, dass bei ihr jemand privat Überseekisten abholen wollte. Aber schließlich haben wir dann unsere Kisten in dem riesigen Lageraum doch noch gefunden und auch ausgehändigt bekommen. Glücklich und erleichtert sind wir dann, immer noch im Regen und Nebel, mit unseren Kisten nach Hause gefahren.

# AUTO UND FÜHRERSCHEIN

Da wir das Auto nur für eine Woche gemietet hatten, mussten wir uns für die weitere Zeit unseres Aufenthaltes um ein anderes Auto kümmern. Zunächst wollten meine Eltern einen alten Geländewagen kaufen und sind zu einem Autohändler gegangen. Der behauptete, ein geeignetes Auto für uns auf Lager zu haben, welches er uns auch gern verkaufen würde. Als mein Vater fragte, ob er nach gut einem Jahr das Auto wegen unserer Rückkehr nach Deutschland auch wieder zurücknehmen würde, war der Autoverkäufer auffallend zurückhaltend und wir haben auch schnell gemerkt, warum.

Wir wollten nicht all zuviel Geld für das Auto ausgeben. Da brachte uns der Autohändler eine absolute Schrottmühle, die jämmerlich klapperte und beim Fahren fast auseinander fiel. Das Auto haben wir natürlich nicht gekauft und weil mein Vater sehr ärgerlich war, dass der Verkäufer uns eine solche Schrottmühle andrehen wollte, sind wir zu einem anderen Autohändler gegangen. Dort wurde uns geraten, lieber ein Auto zu leasen, das dann auch wieder zurückgenommen wird. Und weil der Preis stimmte und das Auto beinahe neu war und noch unter Garantie lief, haben wir uns für das Auto entschieden. Mit dem Auto waren wir zufrieden, obwohl mein Vater in den ersten 4 Wochen zweimal einen platten Reifen gefahren hat. Den haben wir jedoch für wenig Geld immer wieder repariert bekommen.

Aber das Auto hatte auch seine Tücken. Einmal waren wir tanken und mein Vater hat den Schlüssel beim Bezahlen stecken lassen, weil meine Mutter und ich noch im Auto saßen. Wir wollten jedoch beide noch etwas zum Trinken kaufen und sind ausgestiegen, während mein Vater die Tankrechnung bezahlte. Kaum hatten wir das Auto verlassen, gingen plötzlich von selbst die Türen des Autos zu. Der zweite Schlüssel war aus Sicherheitsgründen, falls wir irgendwo einmal den Schlüssel verlieren sollten, immer in der Handtasche meiner Mutter. Aber die Tasche war nun im Auto. Die Leute von der Tankstelle sagten, dass so etwas schon öfter passiert sei und haben den Abschleppdienst angerufen. Bald kam dann auch jemand und hat mit einem Gummikeil und einem langen Draht unser Auto aufgebrochen. Seitdem weiß ich, wie so etwas geht.

Als meine Eltern beim Autohändler den Leasingvertrag unterschrieben, murmelte dieser vor sich hin, dass wir gerade noch Glück hätten, in diesem Monat das Auto zu leasen.

Eine neue gesetzliche Bestimmung für den Autoverkauf und das Autoleasing hätte ab dem nächsten Monat vieles erschwert. Das würde auch auf den kanadischen Führerschein zutreffen, der dann für Ausländer schwieriger zu bekommen sei. Es ist nämlich so, wenn man sich länger als 90 Tage in Nova Scotia, Kanada aufhält, braucht man einen kanadischen Führerschein. Als meine Eltern das erfahren hatten, sind sie natürlich sofort zur Führerscheinstelle gefahren, um sich dort den kanadischen Führerschein noch schnell zu besorgen. Die Angestellten der Führerscheinstelle waren sehr freundlich und haben gesagt, dass es zwei Möglichkeiten gibt, den kanadischen Führerschein zu erhalten. Entweder tauscht man seinen deutschen Führerschein gegen den kanadischen Führerschein ein, dann ist allerdings der deutsche Führerschein weg und in Deutschland muss man sich wieder einen neuen Führerschein geben lassen. Oder man macht die kanadische Führerscheinprüfung mit theoretischer und praktischer Prüfung. Hierzu muss man aber ein Lehrbuch durcharbeiten, das etwa 3 cm dick ist! Da wurde meine Mutter ganz blass im Gesicht und wollte auf keinen Fall das dicke Buch in Englisch auswendig lernen. So haben meine Eltern lieber ihren deutschen Führerschein weggegeben und dafür dann den kanadischen Führerschein bekommen. Zuerst mussten sie jedoch noch einen Sehtest machen und wurden photographiert. Das alles hat nicht einmal eine halbe Stunde gedauert und sie hatten ihre kanadischen Führerscheine!

Der neue kanadische Führerschein von meinem Vater wäre aber beinahe bald wieder weg gewesen. Aber das ist eine andere Geschichte. Man muss wissen, dass die Kanadier ganz vorsichtige und umsichtige Autofahrer sind und sich immer streng an die Verkehrsregeln halten. So gehen die Fußgänger im Vertrauen auf diese rücksichtsvolle Fahrweise der Kandier häufig ohne nach links und rechts zu schauen über die Straße. Daran muss man sich erst einmal gewöhnen, wenn man aus Deutschland kommt!

Es gibt noch weitere Besonderheiten, die ein rücksichtsvolles Fahren verlangen.

In Kanada gibt es Straßenkreuzungen, welche nach allen vier Seiten hin mit Stop-Schildern versehen sind. Das geht dann so: Der erste, der an die Kreuzung kommt, hat Vorfahrt. Dann kommt im Urzeigersinn der nächste dran, aber immer nur ein Auto. Und so geht das weiter im Urzeigersinn rund herum, bis alle über die Kreuzung gefahren sind. Ich glaube nicht, dass die Kanadier von sich aus die folgsameren Autofahrer sind, sondern da steckte noch etwas anderes dahinter. Was das war, hat mein Vater sehr schnell am eigenen Leib erfahren müssen und das ist jetzt die Geschichte mit dem kanadischen Führerschein, der beinahe bald wieder weg gewesen wäre. Die Geschichte fing wieder ganz harmlos an.

Um zu tanken, fuhren wir an eine Tankstelle. Währenddessen hat sich meine Mutter ein Päckchen Kaugummi gekauft. Beim Wegfahren von der Tankstelle wollte mein Vater einen Kaugummi haben. Der Kaugummi hat aber meinem Vater so widerlich süß geschmeckt, dass er ihn gleich wieder durchs offene Autofenster ausspucken wollte. Wir sind aber in der Stadt dauernd neben einem anderen Auto hergefahren, das immer links von uns blieb, weil die Fahrspur zweispurig war und die Geschwindigkeit auf 50 km/h in der Stadt generell begrenzt ist, an die sich ein ordentlicher Kanadier auch hält.

Aber weil mein Vater seinen Kaugummi unbedingt möglichst bald ausspucken wollte, gab er Gas, um endlich an dem anderen Autofahrer vorbeizukommen. Das hätte er nicht tun, sondern den Kaugummi lieber verschlucken sollen. Denn kaum hatte er den anderen Fahrer überholt und den Kaugummi ausgespuckt, sahen wir plötzlich ein Auto hinter uns herfahren mit einem blau, weiß, roten Licht auf dem Dach, das plötzlich anfing zu blinken. Das Auto vor uns fuhr sofort an den Straßenrand und Gott sei Dank tat mein

Vater dasselbe. Denn das Auto hinter uns war ein Polizeiauto und die fahren immer hinterher und erwarten, dass man von selbst anhält.

Der Fahrer vor uns hat dann auch ganz ängstlich aus dem Auto geschaut. Der Polizist hat jedoch von dem Autofahrer nichts gewollt und ihn weiter gewunken. Dann zeigte er auf unser Auto und kam an das Autofenster aus dem mein Vater kurz zuvor seinen Kaugummi ausgespuckt hatte. Das mit dem Kaugummi hat der Polizist zum Glück nicht gesehen, aber mein Vater war statt 50 km/h, 73 km/h gefahren. Das hat der Polist jedenfalls gesagt und dann verlangte er den Führerschein und die Autopapiere.

Wir mussten im Auto sitzen bleiben und der Polizist ging zu seinem Auto zurück und hat dort lange telefoniert. Schließlich kam er wieder zu uns und fragte meinen Vater, wie groß er ist, wie viel er wiegt und welche Farbe seine Augen haben. Dabei hat er ihm tief in die Augen geschaut. Jetzt wurde es meinem Vater doch ein wenig mulmig zumute und er fragte, ob das denn alles so schlimm gewesen sei und was das jetzt kostet. Darauf antwortete der Polizist: „Two-Fifteen" und hat auch noch von einem Fahrverbot und drei Strafpunkten gesprochen. Aber das hat mein Vater in seiner Aufregung nicht alles vollständig verstanden. Dann gab der Polizist meinem Vater aber Gott sei Dank den Führerschein und die Autopapiere wieder zurück, jedoch zusammen mit einem Strafzettel. Ich glaube mein Vater muss sehr bedeppert ausgesehen haben, denn zum Schluss klopfte der Polizist meinem Vater freundschaftlich beruhigend auf die Schulter und wünschte ihm „dennoch" einen schönen Tag.

Zuhause übersetzten wir die Strafzettel und stellten fest, dass mein Vater 215 Dollar Strafe zahlen musste, eine Woche nicht Autofahren durfte und 3 Strafpunkte hatte. Wenn er damit nicht einverstanden gewesen wäre, hätte er vor Gericht Einspruch erhaben können. Darauf haben wir dann aber doch lieber verzichtet. Nun gehörte das Auto für eine Woche endlich einmal ganz allein meiner Mutter!

## NEUES ZUHAUSE

Wir wohnten in Upper Branch. Das ist ein kleiner Ort, der noch zum Kreis Bridgewater gehörte. Unser Haus lag etwa 700 Meter querab von der Straße, die von Bridgewater nach Hemford führte. Man muss sich das so vorstellen: Upper Branch ist ungefähr 8 km lang. Man fuhr durch Upper Branch an einer Kirche und einem Friedhof, sowie an etwa 28 Häusern entlang, die man mehr oder weniger gut von der Straße aus im Wald sehen konnte und an weiteren 48 Briefkästen vorbei, die zu dem Rest der Häuser von Upper Branch gehörten, die man aber von der Straße aus im Wald nicht sehen konnte. Dann ging es um einige Kurven an einer Farm und an einer Abzweigung nach New Canada vorüber. Rechts und links wuchsen eine Menge kleiner Birken am Straßenrand und hier befand sich ein kleiner Steinhaufen, den wir gebaut hatten, auf dem „Heron Road" stand und das war unsere Straße. Daneben stand auf einem Pfosten unser Briefkasten und hier ging es links ab in den Wald. Wenn man jedoch unter einer Telefonleitung, die quer über der Straße hing oder an einer alten Sägemühle, die schon in Hemford lag, vorbei gefahren war, dann hatte man unsere Einfahrt in den Wald verpasst. Damit wir nicht überfallen werden konnten, war vor die Zufahrt an der Straße zu unserem Haus ein großes Gatter aus Eisen gebaut. Wenn man das aufschloss und in den Wald fuhr, kam man zu unserem Haus, das direkt an einem See lag.

Der See war ziemlich groß. Diese Erfahrung musste mein Vater aber erst machen. Innerhalb eines waldreichen Küstenstreifens von der South Shore Küste bis etwa 25 km von Bridgewater ins Landesinnere entfernt, lagen zahlreiche Binnenseen von unterschiedlicher Größe. Teilweise waren sie miteinander verbunden, so dass man von einer Art Seenplatte sprechen kann. Hier stand unser Haus direkt an einem recht großen See und da weit und breit kein anderes Haus zu sehen war, war das „unser kanadischer See".

Wir hatten ein kleines Aluminiumboot mit einem Außenbordmotor von 2 PS gekauft, der wahnsinnig viel Krach machte. Aber das störte mich nicht, weil wir, wenn wir den Motor benutzten, nicht rudern mussten und trotzdem gut vorankamen. Der See hatte viele Felsen, die häufig knapp unterhalb des Wasserspiegels lagen und zahlreiche kleine Inseln. Das war zwar schön, aber nicht ungefährlich. Denn, wenn man einen Felsen nicht sah und mit dem Boot versehendlich darüber fuhr, konnte das Boot leicht umkippen und das ist uns mitten im See fast einmal passiert. Seitdem musste ich immer eine Schwimmweste tragen.

Nun war mein Vater einmal mit meiner Mutter wieder auf den See hinausgefahren, hatte nicht aufgepasst und blieb mit der Motorschraube an einem Stein hängen. Der Sicherheitssplint ging kaputt. Der Splint war dafür da, dass der Stein den Splint, aber nicht die Schraube zerschlägt. Den Splint konnte man leicht austauschen, dann funktionierte der Motor auch wieder, aber zur Reparatur waren zwei Dinge nötig.

Man musste wissen, wie das zu reparieren ging und man musste das nötige Werkzeug dabei haben. Beides fehlte meinem Vater. Er hatte die Gebrauchsanweisung für den Außenbordmotor nicht gelesen und das Werkzeug zu Hause im Schrank gelassen. Weil meinem Vater das Missgeschick mitten im See passiert war, musste er die ganze Strecke zu unserem Haus zurückrudern. Jetzt wusste er, wie groß der See war und er informierte sich auch schnell, wie man den Splint für die Motorschraube repariert. Darauf hin nahm er auch immer Werkzeug mit und sogar einen Ersatzkanister mit Benzin, nur damit er ja nicht wieder rudern musste.

*Unser Haus am See*

*ck auf den See im Frühling*

# EINE INDIANISCHE HOCHZEIT

Kaum war ich in Kanada, da habe ich gleich etwas ganz besonderes erlebt, nämlich eine indianische Hochzeit. Wer die ersten Menschen in Nova Scotia waren, weiß ich nicht. Aber ich weiß, dass die Mi´cmaq Indianer die Menschen sind, welche am längsten hier wohnen. Die Vorfahren der Braut waren Mi´cmaq Indianer. Eines schönen Tages bekamen wir eine Karte auf der stand, dass wir zu einer Hochzeit eingeladen waren. Meine Mutter wurde ganz aufgeregt wegen des Hochzeitsgeschenks und wegen der Schuhe, die sie für die Hochzeit noch unbedingt brauchte. Auf der Einladung stand ganz klein unten rechts in der Ecke: „Money Tree, Please". Von einem Geldbaum hatte ich noch nie etwas gehört und meine Eltern wussten auch nicht genau, wo man nun einen Money Tree herbekommt. Da kam meiner Mutter die Idee, einen kleinen Apfelbaum zu kaufen und daran etwas Geld zu hängen. Das war eine gute Idee, denn dann würden wir nicht so schnell vergessen werden, vorausgesetzt der Baum würde eingepflanzt und die ganze Prozedur überleben über die ich noch berichten werde.

Den Baum hatten wir schnell gefunden, sogar mit Anwachs-Garantie! Aber dann lief meine Mutter in tausend Geschäfte und suchte nach künstlichen weißen Rosen. Nachdem sie endlich die Rosen gefunden hatte und wir alle schon mächtig genervt waren, ging es weiter für weiße Bändel und dann nochmals für Geschenkpapier und dann nochmals für eine Geschenkkarte.

Als wir schließlich alles zusammen hatten, kam ein weiteres Problem, nämlich, wie sollten wir in unserem Auto den geschmückten Baum transportieren ohne dass die ganze Dekoration wieder zusammen fiel. Also wurde vor dem Schmücken des Baumes das Einladen ins Auto geübt bis wir endlich wussten, wie der Baum am besten ins Auto passte. Dazu stellten wir den Baum vor den Beifahrersitz und mein Vater fuhr Probe. Dabei musste er feststellen, dass ihm bei jeder Rechtskurve der Baum ins Gesicht fiel, was für die Fahrsicherheit nicht allzu günstig war. Nachdem wir dann den Baum mit einem Gummiband am Haltegriff über der Beifahrertür festgebunden hatten, hat es endlich geklappt. Dann haben wir den Baum dekoriert.

Der Baum sah jetzt so aus: Der Baumstamm steckte in einem schwarzen Topf und weil das nicht gut aussah, hatte meine Mutter zuerst eine Lage Alufolien darumgewickelt und festgeklebt. Darüber kam silbernes Geschenkpapier und damit die Erde nicht heraus fiel, wurde alles oberhalb des Topfes noch mit einer weißen Schleife zugebunden. Die weißen Rosen hatte meine Mutter zusammen mit meinem Vater an den Ästen mit grünem Gartendraht befestigt und dann hatte sie noch überall weiße Bänder an den Baum angebracht mit Schleifen und Schillerlocken. Zum Schluss wurde die Hochzeitskarte mit dem Money an den Stamm gehängt, wieder mit einer weißen Schleife. Wir fanden alle, dass das ganz gut aussah und nannten den Baum jetzt Apple-Roses-Money Tree. Am Hochzeittag war es morgens trüb, aber es hat nicht geregnet. Festlich angezogen sind wir mit unserem Baum zur Hochzeit gefahren. Dank unserer guten Vorarbeit war die Fahrt mit dem Baum zur Hochzeit problemlos. Der Baum stand neben meinem Vater vorn und meine Mutter und ich saßen hinten im Auto. So sind wir zur Kirche gefahren, wo zunächst die kirchliche und standesamtliche Trauung erfolgte.

Dann kam der Höhepunkt, nämlich die indianische Hochzeit: Den ganzen Tag über war das Wetter trüb und manchmal hatte es sogar ein bisschen genieselt. Aber als sich alle Hochzeitsgäste auf einer großen Wiese versammelt hatten und ein nach Osten offener Kreis mit Tannenzweigen ausgelegt worden war, muss jemand im Himmel mit einem großen Besen die Wolken weggekehrt haben. Plötzlich kam direkt über uns die Sonne heraus und am Himmel über der Wiese war keine einzige Wolke zu sehen. Alle Hochzeitgäste hatten sich hinter den Tannenzweigen im Kreis aufgestellt und in der Mitte des Kreises waren drei indianische Frauen in festlichen Mi´cmaq Lederkleidern, eine in einem braunen, eine in einem blauen und eine in einem schwarzen Lederkleid. Alle drei haben leise gesungen und die Indianerin im schwarzen Kleid hat mit einer kleinen Trommel den Gesang begleitet. Der Bräutigam trug eine weiße, mit Perlen und Federn besetzte Lederweste und stellte sich in die Mitte des Kreises zu den singenden Frauen. Begleitet von ihrer Mutter erschien jetzt die Braut in einem wunderschönen, weißen mit Perlen und Federn geschmückten Lederkleid, auf dem in indianischer Schrift geschrieben stand: „Der Mann, die Frau und der Schöpfer kommen zusammen zur Heiligen Eheschließung". Die Indianerin im blauen Kleid hatte in einer Schale ein kleines Rauchfeuer angezündet und fächerte mit einer weißen Adlerfeder den Rauch um das Brautpaar. Die Feder überreichte sie dann der Braut und die Braut gab sie an den Bräutigam weiter. Die Feder hat eine große Bedeutung, denn sie ist ein Symbol dafür, dass der Bräutigam jetzt auch zur Familie der Braut gehört.

Die Indianerin im braunen Kleid hielt die Rede für die Trauungszeremonie, wobei die Himmelsrichtungen, die Jahreszeiten und der Kreislauf des Lebens von Geburt bis zum Tod eine wichtige Rolle spielten, wenn ich alles richtig verstanden habe. Zum Schluss legte sie der Braut und dem Bräutigam eine reich verzierte Indianerdecke über die Schulter, die einst der Großmutter der Braut gehört hatte. Ich glaube, das war so etwas, wie das Tauschen der Ringe in der Kirche. Währenddessen wurde leise getrommelt und gesungen, aber nicht sehr laut, sondern so rhythmisch zur

Trommel, dass es sehr stimmungsvoll klang. Dann haben die Brautleute als Geschenk einen sehr schön bemalten Krug bekommen, der sicher ebenfalls eine Bedeutung hatte. Zum Schluss ist das Brautpaar Hand in Hand im Kreis innen an den Hochzeitsgästen vorbeigegangen und die Braut hat sehr ergriffen ihren Krug getragen und der Bräutigam ganz stolz seine Adlerfeder. Die Decke hatten sie noch immer noch über den Schultern und so soll es auch bleiben.

„Der Mann und die Frau kommen zusammen
mit dem Schöpfer zur Heiligen Eheschließung".
(Mi´cmaq Schriftzeichen auf Birkenrinde)

# DIE GESCHICHTE DER MI´CMAQ NATION

Kanada ist eine multikulturelle Nation und pflegt die Verschiedenartigkeit seiner Bevölkerungsgruppen bewusst. Die Regierung schützt und bewahrt die Identität eines jeden Volkes. So hatte der Staat Kanada kaum ernste Probleme mit der indianischen Bevölkerung. Die kanadische Regierung hat die Urbevölkerung nicht diskriminiert und unterdrückt, im Gegenteil: Sie besitzt bis heute spezielle Sonderrechte, wie beispielsweise eine weitgehende Steuerfreiheit, ein besonderes Jagdrecht, eine kostenlose Gesundheitsbetreuung, Schul- und Universitätsausbildung. Frühe archäologische Beweise von Menschen im weiteren Umkreis von Nova Scotia zeigen, dass die Vorfahren der Mi´cmaq (auch Mi´cmak oder Mi´kmaw) dieses Land nach der letzten Eiszeit vor ca. 11 000 Jahren besiedelten. Sie waren wahrscheinlich ein Teil einer größeren Gruppe von Algonkian sprechenden Menschen, die vermutlich aus dem Südwesten eingewandert sind. Die Heimat der Mi´cmaq Nation bestand aus sieben Distrikten, die heute Nova Scotia, New Brunswick, Prince Edward Island, Nordost Maine und die Gaspe Region umfassen.

Die Mi ´cmaq sind im Grunde ein friedvolles Volk, die Fremde meist willkommen hießen. Die Mi ´cmaq hatten ein bereits erstaunlich demokratisches Regierungssystem. Jede Gemeinschaft einer Großfamilie hatte einen Häuptling und einen Rat. Die Position des Häuptlings wurde in männlicher Linie vererbt. Aber auch wer sonst, beispielsweise als Redner, Schiedsrichter oder Jäger besondere Fähigkeiten bewies, konnte als Häuptling gewählt werden. Jeder Distrikt hatte einen Distrikt-Häuptling und einen Distrikt-Rat und die sieben Distrikt-Häuptlinge wählten einen Groß-Häuptling und den Großen Rat. Mehrere Male im Jahr trafen sich die Häuptlinge und die Ratsmitglieder, um Jagdterritorien zu vereinbaren und andere Probleme zu diskutieren, Klagen und Streitbarkeiten zu verhandeln und Recht zu sprechen. Die Mi ´cmaq waren Jäger und Fischer, die sich im Frühjahr und Sommer an der Küste vor allem von Fisch, Schildkröten, Hummer und Muscheln ernährten und im Herbst und Winter im Inland Elche und anderes Wild jagten. Sie ernährten sich weiter von Vogeleiern und zahlreichen Beeren und Wurzeln. Sie stellten Medizin von Bäumen und Pflanzen her, welche zum Teil noch heute benutzt wird.

Sie kannten die Töpferei mit kunstvollen Verziehrungen. Die meisten Behälter wurden jedoch aus Birkenrinde gefertigt. Ihre Kleidung stellten sie aus den Häuten der erlegten Tiere her, häufig aus Elchhäuten im Sommer und Fell von Otter, Biber und Bär im Winter. Die Kleidung war oft verziert mit Muscheln, mit den Stacheln der Stachelschweine und mit speziellen Mustern bemalt. Das Volk liebte Treffen und Feiern, die oft

von stundenlangen Reden begleitet waren. Sie veranstalteten Wettkämpfe, wie Bogenschießen und Kanu Rennen. Sie liebten das Feiern und das Erzählen von Geschichten. Die Mi ´cmaq hatten einen ehrfurchtsvoll umfassenden Blick für die Natur als Ganzes, entnahmen ihr nur das Nötigste und bewahrten, was sie brauchten. Sie glaubten an einen Schöpfer und hatten Respekt vor der Mutter Natur. Bis heute pflegen die Mi ´cmaq ihre Kultur, ihre Mythen und Legenden. Die Mi ´cmaq sind stolz auf ihr kulturelles Erbe und glauben ihre Traditionen auch für zukünftige Generationen bewahren zu können.

# FRÜHLING UND SOMMER

Wir waren Mitte April in Nova Scotia angekommen und da lag noch vereinzelt Schnee im Wald, besonders in den schattigen Bodenkuhlen und der See war erst zur Hälfte aufgetaut. Normale Kleidung und eine warmen Jacke waren ausreichend, eine dicke Mütze oder Handschuhe dagegen waren nicht nötig. Wenn die Sonne schien, herrschte bereits eine angenehme Wärme. Beeindruckend waren vor allem die Farben: Der blaue Himmel, der eben so blaue See mit dem Weiß des Schnees, waren einfach toll.

*See mit Schnee und Eis*

*Mayflower*

Ende April schmolz der Schnee endgültig innerhalb einer Woche. Sofort fingen die Bäume an, kleine Blätter zu treiben und viele Blumen, auch Orchideen wuchsen auf dem Waldboden. Meine Mutter behauptete, der Wald dufte besser, als das beste Parfüm der Welt.

Etwa vier Wochen lang war es draußen auf der Terrasse sehr angenehm und man konnte sich bereits in der Sonne wärmen. Ein Problem können von Mitte Mai bis Anfang Juli die Blackflies sein. Das sind kleine, schwarze Mücken, welche erst wieder verschwinden, wenn es richtig heiß und trocken geworden ist. Diese kleinen, schwarzen Biester sind nicht größer als ein Stecknadelkopf, sie können nicht einmal stechen, aber sie beißen und das ist auch nicht besser. Im Gegenteil, es blutet und juckt mächtig. Man kann die Blackflies jedoch erfolgreich vertreiben mit Sprays, wie zum Beispiel mit „Deep Woods off", die in jedem Drugstore erhältlich sind. Das Wetter war wechselhaft. Es regnete, aber dann schien auch sehr schnell wieder die Sonne, der Himmel war blau und es wurde sommerlich warm. Ab Ende Juli war das Wetter konstanter. Tagsüber schien häufig die Sonne, die Temperaturen lagen zwischen 20 und 30 Grad Celcius.

Abends ging meist ein angenehm kühler Wind und man konnte herrlich auf der Terrasse sitzen. Wenn die Nächte klar waren, hat uns der Sternenhimmel begeistert. Die Nacht war viel dunkler als bei uns und so viele Sterne hatte ich noch nie gesehen. Selbst die Milchstraße war als silbern schimmerndes Band, das sich quer über den Himmel zog, deutlich zu erkennen.

# SOUTH SHORE

Nova Scotia gilt für zahlreiche Besucher als einer der schönsten und interessantesten Flecken der Erde und die South Shore ist hiervon ein besonderes Juwel. Rund um Bridgewater trifft man bereits bei Taugesausflügen auf zahlreiche Sehenswürdigkeiten. Die Naturschönheiten sind von einer Vielfalt und Faszination, die überrascht und deshalb gilt auch die South Shore von Nova Scotia als besonders abwechslungsreich. Die South Shore nennt man die Küste südlich von Halifax bis Shelburne und Bridgewater, mit dem nahe gelegenen Lunenburg und Mahone Bay, liegt ungefähr in der Mitte. Parallel zur South Shore verläuft der Highway 103. Innerhalb einer Entfernung von 100 km liegen die meisten der hier beschriebenen Tagesausflugsziele. Von dem Highway kann man abzweigen und die Sehenswürdigkeiten bequem besuchen oder man wählt die Küstenstraße 3, den „alten Highway" der parallel zum Highway 103 an der Küste entlang führt und lässt sich Zeit, denn dann sollte man nicht auf die Uhr sehen und die eindrucksvollen Naturschönheiten in Ruhe genießen. Die South Shore wird von vielen einheimischen und zugezogenen Kandieren, US Amerikanern oder Europäern, welche sich dort einen zweiten Wohnsitz oder einen Ruhesitz geschaffen haben und der zunehmenden Zahl von Touristen als die attraktivste Landschaft von Nova Scotia angesehen. Die South Shore hat zahlreiche vorgelagerte Inseln, Halbinseln und Buchten mit mehreren Flussmündungen. Früher war diese Region daher ein idealer Schlupfwinkel vieler „Privateers".

# LIVERPOOL

Die Privateers waren ab dem 16. Jahrhundert bis 1856 eine Art Edelpiraten, die hier ihr Unwesen treiben durften. Legitimiert von der Englischen Krone überfiehlen sie in Kriegszeiten vor allem französische und später amerikanische Handelsschiffe, um sie auszubeuten. Diese Seekriegsführung betrachtete die damalige Regierung als besonders wirksam und kostengünstig, um die eigenen Seestreitkräfte zu entlasten.

Die Privateers waren also gesetzlich berechtigte Piraten, die in Kriegszeiten als Unterstützung der Kriegsmarine feindliche Handelsschiffe aufbrachten. Ein Gericht der Vizeadmiralität in Halifax überprüfte dann die so genannte „Rechtmäßigkeit" der Prise. War die „Rechtmäßigkeit" vom Gericht bestätigt, wurde das Handelsschiff versteigert und vom Gericht wurde für den Staat gleich der größte Teil des Verkaufserlöses einbehalten. Den Rest erhielt der Privateer, der davon wiederum seine Offiziere und die Mannschaft auszuzahlen hatte. Liverpool war das Zentrum der Privateers und aus diesem Grund heißt die Stadt Liverpool an der Mündung des landschaftlich reizvollen Mercey River noch heute „Die Stadt der Privateers".

*Mündung des Mercey Rivers in Liverpool*

# WHITE POINT

*White Point Hotel*

Die Geschichte von White Point begann 1928 mit einer privaten Jagd- und Fischerei Lodge. Mit der Zeit wurde White Point ein beliebtes Ferien Ressort mit Clubhaus, Hotel und Ferienhäusern. Es gibt zahlreiche Freizeitaktivitäten, wie Tennis- und Golfplätze und einen weißen Sandstrand zum Baden. Im Sommer, während der Ferienzeit herrscht dort Hochbetrieb und White Point ist stolz darauf, inzwischen die meisten Stammgäste mit den durchschnittlich längsten Aufenthaltszeiten in der ganzen Provinz Nova Scotia zu beherbergen.

Die Küstenstraße bietet neben zahlreichen Fischerdörfchen in kleinen Naturhäfen gelegen, immer neue Überraschungen der Landschaft und die Fahrt wird daher nie langweilig. Das Gelände ist teilweise flach, teils auch von einer felsigen Steilküste unterbrochen und ist oft bewaldet. Es finden sich zahlreiche kleine Binnenseen, von Feuchtbiotopen umgeben. Dann kommt wieder nackter Fels und dazwischen liegen herrliche Sandstrände, besonders der geheimnisvolle Carters Beach, der Green Bay Beach, Rissers Beach und der Crescent Beach.

*White Point Cabins*

# CARTERS BEACH

Der Carters Beach liegt in der Nähe von Port Mouton und gilt allgemein als der schönste Strand von Nova Scotia. Da er außerdem ein Vogelschutzgebiet und ein Naturbiotop ist, so wird er, gleichsam wie ein Juwel, fast geheim gehalten. Der Strand ist kaum ausgeschildert und daher meist einsam und nie überfüllt, so dass man diese besondere Naturschönheit in aller Ruhe und Stille in sich aufnehmen kann. Der Carters Beach besteht aus drei halbmondförmigen Strandabschnitten, bedeckt mit schneeweißem Sand. Zwischen dem ersten und zweiten Strandabschnitt mündet ein kleiner Bach ins Meer. Der Bach ist gefüllt mit einem geheimnisvoll dunkelbraun, aber dennoch glasklar gefärbten Wasser. Zunächst fließt der Bach meanderartig aus einem märchenhaft anmutenden Wald aus dem Hinterland durch ein mooriges Feuchtgebiet, dem Nistplatz zahlreicher teilweise bedrohter Vogelarten, um dann über den schneeweißen Sandstrand in den Atlantik zu münden. Bedingt durch den weißen Sandgrund schimmert das kristallklare Meer bei blauem Himmel im Sonnenschein in zarten Blau- und Grüntönen, die jedem Südsee Strand zur Ehre gereichen würden. Der Carters Beach gilt mit seinen vorgelagerten und zum Teil bewaldeten, kleinen Felseninseln also mit Recht als der schönste Strand von Nova Scotia und ist nur durch zwei Zugänge erreichbar. Entweder gelangt man über eine kleine Nebenstraße mit dem Auto, oder durch einen verschlungenen Waldweg, der ohne genaue Ortskenntnis nicht zu finden ist, zu Fuß zum Strand. So wird der Carters Beach meist nur von Ortskundigen besucht und gilt als echter Geheimtipp. Man findet den Carters Beach folgendermaßen: Fährt man den Highway 103 von Liverpool nach Süden in Richtung Yarmouth wird der Highway kurz vor Port Mouton einspurig, wie eine normale Landstraße. In Port Mouton macht der Highway eine starke Rechtskurve und gerade aus geht eine kleine Abzweigung ab. Dieser Abzweigung folgt man. Es sind dann noch ca. 14 km südwestlich an der Küste entlang bis man auf ein grünes Straßenschild mit der Aufschrift

*Feuchtbiotop Carters Beach*

„Carters Beach" trifft. Dort hinein geht es zur Zufahrt mit dem Auto. Der Nachteil dieser Zufahrt ist, dass man den braunen Bach durchwaten muss, um zu dem besonders schönen mittleren Strandabschnitt zu gelangen. Will man trockenen Fußes den mittleren Strandabschnitt erreichen, fährt man auf der Straße von Port Mouton aus an dem Hinweisschild „Carters Beach" vorbei, noch ungefähr 1,4 km weiter. Dort steht rechts am Straßenrand eine alte, graue, verfallene Holzhütte zwischen den Bäumen. Hier stellt man sein Fahrzeug ab, und direkt auf der anderen Straßenseite gegenüber, findet man kaum sichtbar den Zugang zu einem kleinen Waldweg. Links vom Weg ist der Bach, der am Carters Beach in das Meer mündet und diesem Bach mit dem klaren, braunen Wasser folgt man, und plötzlich steht man auf einer Sanddüne und überblickt den herrlichen Sandstrand der mittleren Bucht.

*Blick auf den Carters Beach*

# PORT MEDWAY

Fährt man parallel zum Highway 103 von Liverpool nach Norden in Richtung Bridgewater auf der so genannten Lighthouse Route an der Küste entlang, trifft man auf die Fischerdörfchen West Berlin und auf Port Medway, an der Mündung des malerischen Medway River gelegen. Früher war Port Medway ein betriebsames Fischerdorf mit Holz Industrie, heute ist es eher ein kleines beschauliches Dörfchen mit einem idyllisch gelegenen Hafen und ein paar Fischerbooten.

*Port Medway*

# GREEN BAY, RESSERS- & CRESCENT-BEACH

Weitere besuchenswerte Strände an der South Shore sind die bereits erwähnten Strände Green Bay, Rissers Beach und Crescent Beach. Der Strand der Green Bay liegt etwas südlich einer kleinen Gemeinde, die bezeichnenderweise „Petite Rivière" heißt. Alle drei Strände sind Sandstrände. Der Green Bay Beach ist jedoch etwas felsiger als der Rissers Beach oder der Crescent Beach. Der Rissers Beach liegt in einem „Provincial Nova Scotia Camping Park". Hinter den breiten Sandstrand liegt landeinwärts eine Salzwasser Marsch, die man auf einen Holzsteg begehen kann und die zahlreiche Vogelarten beheimatet.

*Green Bay Beach*

and Rissers Beach

rschlandschaft Rissers Beach

*Crescent Beach*

*Crescent Beach*

Der Crescent Beach, nur wenige Kilometer weiter nordwestlich ist knapp über 2000 Meter lang und so breit, dass das Befahren des Strandes mit dem Auto erlaubt ist.

Fährt man weiter entlang der Küste, erreicht man das Mündungsgebiet des LaHave Rivers. Hier hat man die Wahl entweder auf dem schönen, westlichen Ufer entlang des LaHave in Richtung Bridgewater zu fahren oder im Ort LaHave mit einer Autofähre auf das östliche Ufer überzusetzen. Von dort aus führt eine ebenfalls reizvolle Küstenstrasse am LaHave River entlang nach Bridgewater, oder man fährt gleich weiter über „The Ovens" nach Lunenburg.

*Überfahrt auf dem LaHave Fluss*

# THE OVENS

Ein ebenfalls, lohneswertes Ziel sind „The Ovens". „The Ovens" heißt „Die Öfen" und der Name wirkt zunächst ein wenig eigenartig. Der Name bezieht sich auf die Unterwasserhöhlen, die die Brandungswellen des Atlantiks in das Gestein der Steilküste gewaschen haben. Und dieses Gestein enthielt Gold und so wurden die Unterwasserhöhlen durch Schürfarbeiten zum Teil noch künstlich erheblich erweitert. Eine etwas unverständliche in Bronze gegossene Tafel berichtet, dass dort ab 1861 Gold gewaschen wurde. Nicht klar verständlich ausgedrückt ist, wie lange und wie viel Gold gefunden wurde. Auf jeden Fall wuchs hier innerhalb von wenigen Monaten eine Ansiedlung von über tausend Minenarbeitern mit Hotels, Geschäften und einer Bank heran. Allzu ergiebig war die Goldmine nicht, denn nach sechs Jahren wurde die Goldsuche schon wieder aufgegeben, die Stadt verschwand innerhalb kurzer Zeit und der ganze Spuk war vorbei. Der Besuch der „The Ovens" lohnt sich aber auch aus einem anderen Grund. Auf einem Pfad oben entlang der Steilküste kann man die anrollenden Brandungswellen beobachten, die sich an der Steilküste brechen und zum Teil in die Wasserhöhlen donnern, so dass die Gischt mit großer Wucht, wie „Dampf aus einem heißen Ofen", wieder zurückschäumt. Teilweise ist es möglich in die Höhlen hinunterzusteigen und das Naturschauspiel in unmittelbarer Nähe zu bewundern. So sind auch die Namen der einzelnen Höhlen zu erklären, die „Indian Cave", „Thunder Cave" und „Canon Cave" heißen.

Leider ist der Natur Park während der Ferienzeit von Mitte Juli bis September ein Campingplatz Gelände. Es werden Führungen zu den Höhlen durchgeführt, Schlauchboot-Fahrten entlang der Steilküste veranstaltet und Goldpfannen vermietet, damit die Besucher am nahe gelegenen Cunards Strand selbst ihr Glück beim Goldwaschen versuchen können.

*Steilküste The Ovens*

*The Ovens Pfad mit Meerblick*

Thunder Cave mit Blick auf die Blue Rocks

"The Ovens" Thunder Cave

# LUNENBURG UND DIE BLUENOSE

Lunenburg ist seit 1995 die zweite UNESCO Welt-Kultur-Stadt in Kanada nach der Altstadt von Quebec. Und die „Bluenose" ist ein Schiff, das in Canada so bekannt ist, dass es seit 1937 sogar auf der offiziellen 10 Cent Münze und auf den Autoschildern von Nova Scotia abgebildet ist. Die Autoschilder von Nova Scotia tragen bezeichnenderweise neben der Abbildung der Bluenose den Zusatz: „Canada´s Ocean Playground". Lunenburg wurde 1753 von Deutschen und Schweizern gegründet und nach dem Herzog von Braunschweig - Lunenburg benannt. Außerhalb Halifax war Lunenburg die erste Siedlung mit Auswanderern, besonders aus Süddeutschland und dem Montbéliard, das damals noch zum Herzogtum Württemberg gehörte.

Die Gründerzeit war hart. Erfolg und Misserfolg, ja katastrophaler Niedergang lagen eng beieinander, wie einige Einwandererschicksale belegen. Zu den Erfolgreichen gehörte beispielsweise die schwäbische Einwandererfamilie „Hirtle". Die Überfahrt auf der „Pearl" 1751 nach Nova Scotia hatten alle Familienmitglieder überlebt, die Eltern mit ihren sechs Kindern. Später wurde lediglich ein Sohn nach einem Indianerüberfall vermisst. Die anderen Kinder heirateten und gründeten in Kanada eigene Familien. Die beiden ältesten Brüder hatten zusammen elf Söhne und zehn Töchter. Noch heute gibt es zahlreiche Familien mit dem Namen „Hirtle", geschrieben in verschiedenen Abwandlungen und es gibt einen Hirtle Beach und einen Hirtle Lake und zahlreiche Straßen mit dem Namen Hirtle. Die Hirtle Familie war stolz auf ihre Deutsche Abstammung und pflegte ihre Tradition bis in unsere heutige Zeit. Im Jahr 1980 verstarb im Alter von 97 Jahren John Hirtle, ein Nachkomme der ursprünglichen Einwandererfamilie in der 7. Generation, der schwäbisches Deutsch zumindest noch verstand.

Ganz anders erging es der hessischen Familie Seitz, die 1752 Europa verlassen hatte, um in der Neuen Welt eine bessere Zukunft zu finden. Die Familie hatte mit fünf Kindern die Alte Welt verlassen und als sie in Halifax landeten, waren nur noch zwei Söhne am Leben.

*Lunenburg mit Fischereimuseum*

Im Dezember 1752 war auch der ältere Sohn im Waisenhaus verstorben und nur der Jüngste war noch am Leben. Was später dann aus dem kleinen Jacob geworden ist, ist unbekannt. Selbst wenn die Überfahrt überlebt und der Neubeginn erfolgreich gemeistert waren, lauerten zahlreiche Gefahren.

Die Familie Ochs gehörte ebenfalls zu den Gründerfamilien von Lunenburg. Die Familie des Johannes Ochs aus Baden war außerordentlich fleißig und erfolgreich und hatte es bereits nach einem Jahr geschafft, ein Haus zu bauen, als andere es bis dahin höchstens bis zu einer Hütte gebracht hatten. Bald wurden der Familie außerhalb von Lunenburg noch 30 Morgen Land zugeteilt und der Neubeginn schien gesichert. Da wurde die gesamte Familie in der Karwoche des Jahres 1758 Opfer eines Indianerüberfalls und alle starben eines gewaltsamen Todes.

Lunenburg wuchs schnell durch Handel, Schiffbau und Fischerei und noch heute gibt es angeblich in Lunenburg keine Familie, von der nicht mindestens ein Familienmitglied beim Fischfang beschäftigt ist. Besonders die Fischerei auf den Kabeljau in den „Outer Banks" war damals besonders ertragreich, jedoch auch äußerst gefährlich, wie ein Denkmal am Hafen eindrucksvoll dokumentiert. Hier sind die Opfer an Menschen und Schiffen, die die See den Fischern abverlangt hat, auf Stehlen niedergeschrieben und die lange Liste der Verunglückten muss bis heute jedes Jahr ergänzt werden.

Eine besonders traurige Berühmtheit haben die beiden „August Stürme" im Jahr 1926 und 1927 erlangt. In beiden Stürmen versanken je sechs Schiffe mit insgesamt 130 Mann Besatzung. Sämtliche männliche Mitglieder zahlreicher Familien in Lunenburg und den Blue Rocks kamen ums Leben und kaum eine Familie verlor nicht wenigstens einen Angehörigen. So verlor im Auguststurm des Jahres 1927 allein die Familie Knickle acht Familienmitglieder.

*Die Bluenose II*

Das berühmteste Schiff, das für diesen Fischfang je gebaut wurde, war der Schoner „Bluenose". Anfang des 20. Jahrhunderts bestand eine Rivalität zwischen den Kabeljaufischern der USA und Kanada, welches Land den schnellsten Fischschoner besitzt. Hierzu fanden jährlich nach der Fischfangsaison Wettregatten statt.

Nachdem 1920 die USA, Canada besiegt hatten, bauten die enttäuschten Kanadier ein neues Schiff, die „Bluenose" und gewannen mit ihr 18 Jahre lang jedes Rennen bis die „Bluenose" durch die aufkommende Dampfschifffahrt verdrängt wurde. Nach wiederholten Wechseln der Besitzer musste die „Bluenose" schließlich in der Karibik als Lastensegler ihr Gnadenbrot verdienen, bis sie 1946 vor Haiti an einem Riff zerschellte. 1960 wurde die „Bluenose II" in Erinnerung an die große Zeit für Nova Scotia originalgetreu nachgebaut und 1963 fertig gestellt. Sie hat noch heute ihren Heimathafen in Lunenburg, wie die bekannte Vorgängerin. Sie kann dort auch gelegentlich, wenn auch nur selten besichtigt werden, da sie meist als Botschafter von Nova Scotia unterwegs ist.

Die Bluenose heißt Bluenose, weil „Bluenose" ein Spitzname für die Einwohner von Nova Scotia ist. Das ist sicher. Nur, warum die Einwohner von Nova Scotia mit dem Spitznahmen „Bluenose" belegt wurden, das ist nicht so sicher. Es gibt hierfür im Wesentlichen zwei Erklärungsversuche: Einmal wird behauptet dass der Spitzname „Bluenose" von den blau gefrorenen Nasen der Seeleute von Nova Scotia aufgrund der kalten Winter auf hoher See herrührt. In einem etwas abgewandelten Erklärungsversuch werden die blauen Nasen der Nova Scotianer damit erklärt, dass sie sich mit ihren selbst gestrickten und teilweise blau eingefärbten Fäustlingen beim Abputzen ihrer vor Kälte triefenden Nasen auf See, die Nasen blau eingefärbt hätten. Zum anderen wird der Sitzname „Bluenose" in den Zusammenhang mit einer bläulich gefärbten Kartoffel gebracht, die im Annapolis Valley, Nova Scotia, angebaut wird und von den Einwohnern Nova Scotia vorzugsweise verspeist wurde. Diese Kartoffel wurde mit Schiffen nach den USA ausgeführt und hauptsächlich auf dem Markt von Bosten verkauft. Dort nannte man die Lieferanten aus Nova Scotia mit Spitznamen: „Bluenoses".

*Lunenburg mit Hafenmole*

# BLUE ROCKS

Während Lunenburg als Hochsee-Fischereihafen mit Recht sehr bekannt ist, liegt ganz in der Nähe in nördlicher Richtung der weit weniger bekannte kleine Küsten-Fischereihafen der Region, die „Blue Rocks". Besonders während der Ebbe, wenn die von Muscheln und Seetang überwucherten blau-schwärzlich schimmernden Basaltfelsen am Strand besonders gut zu sehen sind, sollte man die Blue Rocks besuchen. Es gibt dort nichts Spektakuläres, jedoch die ursprüngliche Küstenatmosphäre eines kleinen atlantischen Fischerdorfes, zu sehen.

*Blue Rocks Hafen*

*Die Blue Rocks*

# MAHONE BAY

Mahone Bay in der Nähe von Lunenburg ist ein bekannter Fremdenverkehrsort und bereitwillig laden die Ortschilder den Fremden dazu ein, die Schönheiten der Natur mit den Bewohnern des Ortes zu teilen. So finden dort auch häufig Flohmärkte statt, der Ort beherbergt viele Souvenir Shops und Kunstgalerien einheimischer Künstler, eine Menge Cafes, Restaurants und zahlreiche kleine Geschäfte. Das bekannteste „Aushängeschild" der Ortschaft sind jedoch die drei nebeneinander stehenden Kirchen, die St. James Anglican Church, die St. John´s Lutheran Church und die Trinity United Church, welche man vom gegenüber liegenden Ufer der Bucht am besten überblicken kann. Mahone Bay wurde 1754 gegründet. Es liegt an einer Bay mit mehr als 100 vorgelagerten kleinen Inseln. Sein Reichtum ist seine Geschichte und seine Kultur mit zahlreichen Häusern aus dem neunzehnten Jahrhundert.

Mahone Bay war einst ein bedeutender Ort für den Bootsbau und noch heute erinnert das „Wooden Boat Festival" als der Höhepunkt der Saison Ende Juli Anfang August mit einer Regatta klassischer Segelboote aus wertvollen Hölzern gebaut und liebevoll gepflegt, an diese alte Tradition. Zwischen Mahone Bay und Halifax ungefähr auf halber Höhe liegt der Ort „Chester".

*Mahone Bay Hafen*

*die drei berühmten Kirchen*

*Mahone Bay Floh-Markt*

# CHESTER

Chester gilt als der Wohnort der Begüterten. Man wohnt in Chester oder zumindest hat man in Chester einen Feriensitz. So gibt es hier auch besonders viele schmucke Häuser, gute Restaurants und Cafés. Zahlreiche Alleen mit Ausblick auf die Chester Bay mit den vielen kleinen und größeren vorgelagerten, bewaldeten Inseln, herrschaftlichen Anwesen und schmucken Segeljachten geben dem Ort einen mondänen Reiz. Selbstverständlich findet in der Chester Bay, vom vornehmen, heimischen Yachtclub veranstaltet, jeden Sommer eine Segelregatta statt. Die „Chester Race Week" im August ist ein gesellschaftliches Ereignis in Nova Scotia.

*Chester Hafen*

*Chester Alleen*

# PEGGYS COVE

Eine halbe Stunde Fahrtzeit mit dem Auto südwestlich von Halifax entfernt, ist der Besuch von Peggys Cove ein besonders empfehlenswerter Höhepunkt für jeden Besucher der South Shore von Nova Scotia. Es ist angeblich das bekannteste Fischerdorf der Welt mit dem am meisten fotografierten Leuchtturm. Der Leuchtturm steht auf einem der riesigen, hausgroßen, blanken, 400 Millionen Jahren alten Granitblöcken umgeben von den meist gewaltigen Wellen, die sich an den Felsen brechen. Unbedingt sollten rutschfeste Schuhe mitgenommen und bei der Besteigung der Felsen getragen werden. Eine Tafel die dort angebracht ist besagt, dass Unvorsichtigkeit und Leichtsinn hier schon einigen Besuchern die Gesundheit oder gar das Leben gekostet hat!

*Peggys Cove Leuchtturm*

Besonders während der Ferienzeit ist Peggys Cove ein beliebtes Ausflugsziel. Zahlreiche Besucher klettern in Scharen über die Granitfelsen. Ausflugslokale, mannigfaltige Souvenirläden und folkloristische Darbietungen umgeben diese Naturschönheit leider mit einem typisch touristisch geprägten Rummel.

Im Winter dagegen wird es um die Felsen des Leuchtturms und um den kleinen Hafen von Peggys Cove einsam, still und beschaulich. Einen klaren, weißen Wintertag in dieser faszinierenden Umgebung zu erleben, bleibt ein unvergessliches Erlebnis.

*Peggys Cove im Winter*

In Sichtweite von Peggys Cove liegt das Mahnmal
der Unfallopfer der Swiss Air Maschine, Flug 111

„In Erinnerung an die 229 Männer, Frauen und Kinder
an Bord der Swiss Air Flug Nr. 111, die vor dieser Küste am
2. September 1998 uns Leben kamen.
Sie wurden eins mit See und Himmel. Mögen sie in Frieden ruhen."

# HALIFAX

Halifax wurde 1749 gegründet und war bald der wichtigste Britische Hafen in Nord Amerika. Zum Schutz dieses Hafens und als Eintrittspforte in das Landesinnere, wurde auf der Anhöhe vor der Stadt Halifax ein Fort gebaut. Im Laufe der Zeit wurde das Fort vier Mal baulich verändert, neu gebaut und erweitert, bis es jetzt seit 1856 in seiner endgültigen Form als sternförmige Citadelle auf einer Anhöhe die Stadt Halifax beherrscht. Die heutige Citadelle ist eines der bedeutendsten Nationalen Historischen Bauwerke Kanadas. Von der Citadelle wurde nie ein Schuss in kriegerischer Absicht abgegeben, da das Vorfeld des Hafens von Halifax so gut zu verteidigen war, dass der Feind nie bis zur Citadelle vordringen konnte. Damit die Kanonen auf der Citadelle nicht ganz umsonst herumstehen, wird seit Mitte des 19. Jahrhunderts täglich jeden Mittag punkt 12 Uhr ein Salutschuss über der Stadt abgeschossen. Hierzu führen die Kanadier in den Uniformen des „78. Highlander Regiments" und der „Royal Artillery" eine kleine Parade ab, selbstverständlich mit Englischer Präzision und Drill und nicht so lässig, wie das die Franzosen in Louisbourg tun.

Heute ist Halifax die regionale Hauptstadt von Nova Scotia, eine Hafen- und Handelstadt, mit einem besonderen historischen Charme, der sich in den zahlreichen historischen Gebäuden wieder findet. Dies gilt besonders für den Bereich des Hafens mit den „Historic Properties" und für eine alte umgebaute Brauerei in Hafennähe, in welcher jeden Samstagmorgen der Farmers Market abgehalten wird.

*Farmers Market*

50

Neben der historisch geprägten Hafenregion stehen in zwanglos harmonischem Einklang supermoderne Gebäude, in deren Glasfassaden sich bei Sonnenschein die umgebende Stadt spiegelt.

*Das moderne Halifax*

Es gibt in Halifax zahlreiche Museen, wie zum Beispiel das „Maritime Museum of The Atlantic". Zahlreiche Galerien und Einkaufspassagen, so genannte Malls laden zum „Shopping" ein. Restaurants und Hotels aller Kategorien bemühen sich um ihre Gäste und selbst ein Nachtleben mit Spielcasino verleiht der Stadt ein attraktives Image.

Kulturelle Ereignisse spielen in Halifax eine bedeutende Rolle, wie es aus dem seitenlangen Veranstaltungskalender des „Halifax Visitor Guide" hervorgeht. Immer wieder wird man jedoch unten am Hafen und an der Pier stranden, denn dort findet ein buntes Leben statt mit Paraden, Dudelsackbläsern und Schaustellern.

# DARTMOUTH UND FISHERS COVE

Auf der nord-östlich gelegenen Seite des Hafens, durch zwei riesige Brücken verbunden, liegt Dartmouth mit Fishers Cove. Im Halifax Visitor Guide kann man lesen:
„Kommen Sie und besuchen Sie eines von Halifax neuesten und zugleich ältesten Ausflugszielen, gerade 15 Minuten außerhalb von Halifax entfernt. Fischers Cove ist eine 200 Jahre alte Fischersiedlung vor einem schönen Meer im Hintergrund. Unsere bezaubernde Bucht bietet etwas für jedermann: Einkaufsmöglichkeiten, Strandspaziergänge, Sammelnswertes von örtlichen Künstlern, Bootstouren, großartiges Essen und noch viel mehr ..." Das mag stimmen, wenn man den Charme weiträumiger Industrieanlagen liebt und die Umgebung von riesigen Öltank-Lagern, Ölraffinerien und großflächigen Autohalden schätzt. Das alles bekommt man nämlich in Dartmouth auf dem Weg nach Fishers Cove im Überfluss zu sehen. In Fishers Cove findet man zahlreiche Souvenirläden und einige Speiselokale, jedoch nicht die ursprüngliche Atmosphäre eines ehemaligen Fischerdorfes, wie zum Beispiel in den Blue Rocks bei Lunenburg.

*Fishers Cove bei Dartmouth*

# SOMMERFERIEN

Endlich hatte ich meine wohlverdienten „Großen Sommer-Ferien" und diese Gelegenheit wollten meine Eltern unbedingt dazu nutzen, möglichst „alles" von Nova Scotia zu sehen und da fehlte uns vor allem noch der Norden, nämlich die Fundy Bay, die Northumberland Gegend und Cape Breton. Um die Reise zünftig durchzuführen, dachten sie, ein Motorhome zu mieten, sei eine gute Idee. Ich fand die Idee dagegen überhaupt nicht besonders gut und die Vorstellung, eine ganze Woche mit meinen Eltern dicht gepackt in einem Motorhome zu verbringen, war für mich alles andere als verlockend. Das konnte mein Vater überhaupt nicht verstehen und weil ich nicht in einen entzückten Jubel ausbrach, als er mir das Unternehmen unterbreitete, wurde er richtig ärgerlich.

Aber dieses Vorhaben war nun nicht mehr rückgängig zu machen. So sind wir an einem schönen Montagmorgen Anfang August nach Halifax zur Autovermietung gefahren, um die Reise anzutreten. Zuerst wurden wir in die Bedienung des Motorhomes eingewiesen und dann packten wir unsere ganzen Sachen in das Fahrzeug. Die Einweisung machte eine Angestellte, die ganz stolz darauf war, einigermaßen gut Deutsch zu sprechen. Deutsch konnte sie ja ganz gut, aber die wichtigsten entscheidenden technischen Details, worauf es bei der Reise ankam, hat sie uns leider nicht erklärt. Und weil wir davon auch keine Ahnung hatten, haben wir das nicht sofort bemerkt, sondern erst während der Reise unsere eigenen Erfahrungen machen müssen. Aber das werde ich der Reihe nach erzählen. Als wir alles im Motorhome verpackt hatten, angefangen von unserer Kleidung für sämtliche Jahreszeiten, über Töpfe, Geschirr, Bettsachen und tausend Decken, fuhren wir am frühen Nachmittag von Halifax aus los.

# FUNDY BAY

Es ging nach Truro in Richtung Fundy Bay auf den Glooscap Trail. Der Glooscap Trail ist nach einem Mi´cmaq Indianerhäuptling benannt. Die Legende besagt, dass Glooscap, ein großer Magier mit besonderen Kräften ausgestattet, sogar die mächtigen Gezeiten der Fundy Bay, die die höchsten der Welt sind, kontrollieren konnte. So hat er auch ganz einfach fünf Inseln in der Fundy Bay geschaffen, die jetzt „Five Islands" heißen, indem er eine handvoll Rasenstücke nach frechen Bibern warf, die ihm seinen Garten verwüstet hatten. Unser erster Übernachtungsplatz war dann auch bei diesen „Five Islands".

Doch zunächst stellten sich einige Probleme ein. Wir hatten keine Ahnung, was unser Motorhome an Technik alles an Überraschungen auf Lager hatte und so hat es uns auch in keiner Weise gestört, dass der erste Platz, ein staatlicher Platz, keine so genannten „Facilities" hatte. Das bedeutete, keine externen Wasser- und Stromanschlüsse für unser Mobilhome zur Verfügung standen.

Es war ein herrlicher Platz, ein schön mit Gras und vereinzelten Sträuchern bewachsener Hang. Kurz zuvor hatte es angefangen leicht zu regnen, so dass das Gras glatt und rutschig war. Da die Landschaft und der Blick auf die Fundy Bay sehr beeindruckend waren, wollte meine Mutter unbedingt, dass mein Vater das Motorhome so parkte, dass wir von unserem Esstisch aus, der sich an der Längsseite des Motorhomes befand, einen schönen Blick über die Bucht hatten. Mein Vater legte dagegen mehr Wert darauf, dass der Camper eben stand, um nachts nicht aus dem Bett zu fallen. Die Kombination nasser Grashang, großes Motorhome zusammen mit der Forderung gute Sicht aber ebener Standplatz, war auf dem Hang nur schwer in Einklang zu bringen. So fuhr mein Vater hin und her und vor und zurück, um einem entsprechenden Standplatz zu finden. Leider war das Gelände zudem noch ziemlich uneben und als er endlich das Fahrzeug an einem Platz hatte, der die gestellten Forderungen einigermaßen erfüllte, musste er feststellen, dass er mit den Hinterrädern halb in einem Graben hing und vor sich nur noch abschüssiges Gelände hatte – und das bei dem bereits erwähnten aufgeweichten und rutschigen Grasboden.

*Fundy Bay*

Aber zunächst hatten wir unseren Rastplatz für die Nacht gefunden. Nun wurde das Abendessen zubereitet, was nicht einfach war, da das Wasser aus dem Wasserhahn nur spärlich tropfte. Der Wasserdruck für den Wasserhahn und das traf auch für den gesamten sanitären Bereich zu, war äußerst spärlich. Schließlich fanden wir einen Schalter für die Wasserpumpe, so dass sich der Wasserdruck mäßig bessern ließ. Die Qualität des Abendessens und die folgende abendliche Körperpflege fielen jedoch etwas dürftig aus. Wir hatten keine externe Anbindung an Wasser oder Strom. Wasser kam vom Wassertank im Auto und der Strom von der Autobatterie. Die Batterieanzeige näherte sich schon bald recht bedenklich gegen „low" und als mein Vater die Batterie mit dem Motor im Leerlauf aufladen wollte, näherte sich die Benzinanzeige leider ebenfalls bald gefährlich nahe dem „E". Etwas prekär wurde die Sache zu dem dadurch, dass in der Geräteanweisung stand, dass man auf keinen Fall die Warmwasserheizung benutzen darf, wenn der Wassertank leer ist, da dann die Propanheizung den Wassertank durchbrennt und dass wir den Schaden dann bezahlen müssen. Leider hatte uns das nette Fräulein bei der Einweisung aber nicht gesagt, wo der Wassertank versteckt ist und wie man den Füllungszustand prüft. Ich will es kurz machen. Unsere Situation ließ sich folgendermaßen beschreiben: Das Motorhome stand mit den Hinterrädern halb im Graben, vorne war abschüssiges, glattes und matschiges Gelände. Die Füllung des Wassertankes war fraglich und da die Heizung bereits längere Zeit über die Batterie gelaufen war, war diese nahezu erschöpft. Außerdem war der Benzintank nahe dem Ende. Am nächsten Morgen sind wir alle ganz früh aufgewacht. Es war ein herrlicher und wolkenloser Tag und die Sicht auf die Fundy Bay war grandios. So machten wir erst einen Spaziergang. Mein Vater hatte es entgegen seiner Gewohnheit nicht eilig weiter zu fahren, da er erst abwarten wollte, bis das Gras von der Sonne getrocknet war. Dann ließ sich die Weiterfahrt aber nicht mehr vermeiden. Nachdem wir alle uns gründlich

*Fundy Bay bei Ebbe*

überlegt hatten, wie wir am besten wieder flott kämen, haben wir es gewagt, los zu fahren und Gott sei Dank hat es auch auf Anhieb geklappt, ohne das unser Mobilhome den Hang hinab rutschte oder umkippte.

Die Fundy Bay hat gleich mehrere weltweit einzigartige Besonderheiten zu bieten. Die Fundy Bay und besonders das Minas Becken sind bekannt für die höchsten Gezeiten in der Welt mit bis zu 16 Meter Gezeitenunterschied! Der Grund für den hohen Gezeitenunterschied liegt darin, dass die Höhe der Flut von vielen Faktoren abhängt. Bekannt ist die Abhängigkeit von Mond, Sonne und Erdrotation. Aber es sind noch weitere Einflüsse von Bedeutung, wie der Verlauf der Küstenlinie, die Meerestiefen und vor allem eine einmalige Besonderheit der Fundy Bucht. Die Gestalt der Bucht bewirkt, dass durch die Ebbe und Flut das Wasser der Bucht in eine gewaltige Schaukelbewegung gerät, die synchron mit Ebbe und Flut hin- und herschwappt und immer wieder erneut von den Gezeiten des Atlantiks „angestoßen" wird. Vierzehn Milliarden Tonnen oder vierzehn Kubik-Kilometer Wasser werden auf diese Weise zwischen Ebbe und Flut, wie in einer riesigen Badewanne hin- und hergeschaukelt und zusammen mit der natürlichen Ebbe und Flut addieren sich die Gezeitenunterschiede dann bis zu der Rekordhöhe von 16 Meter. Diese Wassermasse ist so gewaltig, dass die Landmasse von Nova Scotia unter dieser Last messbar hin- und herkippt!

*rncoat Head bei Ebbe*

An welcher Stelle der Fundy Bay nun genau die höchsten Gezeitenunterschiede entstehen, ist ein ständiger Zankapfel zwischen mehreren Orten an der Fundy Bay. Vor allem Burncoat Head beansprucht für sich die höchsten Gezeitenunterschiede und hat es erreicht, dass das Kanadische Hydrographische Institut dort eine kontinuierliche Messung der Gezeitenunterschiede durchführt. Burncoat Head liegt nahe der Route 215, die an der Fundy Bay entlang führt am südöstlichen Ufer des Minas Beckens. Es lohnt sich, von Windsor aus über die Route 215 die Fundy Bay entlang zu fahren. Die Straße führt meist durch hügeliges Farmland und gibt immer wieder faszinierende Überblicke auf die Fundy Bay frei. So kann man während der Fahrt den Verlauf der Gezeiten beobachten und es empfiehlt sich besonders, das bei auslaufender Ebbe zu tun mit dem Ziel, bei vollständiger Ebbe Burncoat Head zu erreichen.

Die genauen Zeiten von Ebbe und Flut kann man aus dem Internet ersehen. Die steilen Ufer der Burncoat Küste zeigen beeindruckend die Erosionen, welche die gewaltigen Gezeitenkräfte aus der Küste Jahr für Jahr ausgewaschen haben. Besonders eindrucksvoll ist ein Spaziergang bei Ebbe auf dem Meeresboden mit Blick auf die auftürmende Küste aus dem roten Sandstein.

Bei der Weiterfahrt in Richtung Truro kann man etwa zur Mitte der einströmenden Flut eine Flutwelle auf dem Shubenacadie River von der Mündung flussaufwärts sehen. Von einer Aussichtsplattform in der Nähe der Brücke der Route 236 lässt sich die heranrollende Flutwelle besonders eindrucksvoll beobachten.

Ein weiteres auf der Welt einzigartiges Phänomen bietet sich bei Cape Split. Etwa zur Mitte der einströmenden Flut erfüllt die Luft ein einzigartig dröhnendes Meeresrauschen, hervorgerufen durch die Strudel der einströmenden Wassermassen. Das Phänomen entsteht aufgrund des gewellten Meeresbodens und der zahlreichen Klippen. Durch den etwa 5 km breiten Kanal zwischen Cape Split und der West Bay strömt dann pro Zeiteinheit mehr Wasser als in allen Süßwasserflüssen der Erde zusammen, nämlich 4 Kubikkilometer Wasser pro Stunde.

Als weitere attraktive Punkte zur Beobachtung von Ebbe und Flut werden empfohlen: Der Höhenunterschied von Ebbe und Flut in Hantsport, gelegen zwischen Windsor und Wolfville, an der Werft am Fuß der William Street und bei der Port Williams Werft. Weite Meeresbodenflächen sind bei Ebbe am Evangeline Beach und am Avonport Beach ca. 8 km östlich von Wolfswille zu sehen. Ende Juli bis August gibt es hier hunderte bis tausende von Zugvögeln zu beobachten, die sich auf ihrer Reise von der arktischen Zone nach Südamerika an den Krustentieren und Würmern der Wattfläche gütlich tun. Außer auf der bereits beschriebenen Aussichtplattform am Shubenacadie River, lässt sich eine aufkommende Flutwelle weiter am St. Croix River, Meander River, Maccan River und Salmon River beobachten.

*Shubenacadie River*

# KÜSTE ENTLANG DER NORTHUMBERLAND STRASSE

Wir wollten weiter und sind in Richtung Norden zum Northumberland Sund gefahren. Biegt man auf der Route 2 bei Parrsboro nach Norden ab und durchquert Cumberland County, gelangt man an die Küste der Northumberland Straße. Die Küstenlandschaft unterscheidet sich hier erheblich von der Fundy Bay. Im Gegensatz zu den gewaltigen Gezeitenunterschieden der Fundy Bay mit den roten Sandstein Klippen beträgt hier der Gezeitenunterschied nur 1 bis 2 Meter. Die Küste ist flach und seicht. Der kalte Labradorstrom, der an der Atlantikküste von Nova Scotia entlang von Norden nach Süden fließt, dringt nicht bis in die Northumberland Straße vor. Dies ist ein weiterer Grund, warum sich im Sommer das Meereswasser an dieser Küste bis auf „karibische" 28 Grad erwärmt.

*Northumberland Beach*

Die Landschaft wird beherrscht von meist hügeligem Farmland. Die See ist ruhig, flach mit Salzmarschen, bevölkert von vielen Seevögeln. Es gibt zahlreiche Sandstrände, die wegen des warmen Meerwassers zum Baden einladen. Als wir uns dem Strand näherten, sahen wir schon von weitem die Leute im seichten Wasser sitzen. Kleine Kinder planschten am Strand und als wir näher kamen und mit dem Fuß vorsichtig die Wassertemperatur prüften, konnten wir kaum glauben, wie warm das Wasser dort war. Aber alles auf der Welt hat zwei Seiten. Diese Erfahrung mussten wir bei der folgenden Übernachtung machen. Für unseren nächsten Campingplatz hatten wir uns aufgrund unserer bisherigen Erfahrungen folgende Vorgaben gesetzt. Flach und eben sollte das Gelände sein, mit Wasser- und Stromanschluss, denn trotz des Bades im warmen Atlantik war jetzt endlich Körperpflege angesagt.

Als wir schließlich einen entsprechenden Campingplatz gefunden hatten, konnten wir unser Glück kaum fassen, von der sehr liebenswürdigen Dame im Office einen wunderschönen, ebenen Platz mit Wasser- und Stromanschluss direkt am Meer zugewiesen zu bekommen, der einen herrlichen Blick über die Bucht auf eine vor gelagerte Halbinsel bot.

Die Kehrseite der Medaille mussten wir dann aber sehr schnell kennen lernen. Kaum stiegen wir aus unserem Mobilhome aus, um unseren Wasserschlauch und das Stromkabel an die Versorgungseinrichtung des Mobilhomes anzuschließen, wurden wir von Myriaden von Mücken regelrecht überfallen, die offensichtlich schon lange im seichten, warmen Uferwasser hungrig auf uns als Beute gewartet hatten.

So schnell hatten wir noch nie einen Wasserschlauch angeschraubt und ein Stromkabel angeschlossen. Dann sind wir wild um uns schlagend zum Mobilhome zurück geflüchtet und haben die Tür zugeschlagen in der Absicht, diese auf keinen Fall mehr zu öffnen. So waren wir also regelrecht im Wohnwagen gefangen, was wir aber letzen Endes nicht bereut haben, denn wir sahen einen der schönsten Sonnenuntergänge.

Am nächsten Morgen mussten wir zunächst wieder unseren leeren Wassertank füllen. Unter dem Zufluss zum Spülbecken fanden wir schließlich einen Dreiwegehahn. Den legten wir um, öffneten die Wasserzufuhr und schauten was passierte. Plötzlich hoben sich die Kissen der Bank unserer Essecke hoch und da wussten wir, wo der Wassertank versteckt war. Der Tank war aus Plastik und hat zum Glück dem Wasserdruck standgehalten und ist nicht geplatzt, sonst hätte unsere Fahrt vermutlich ein vorzeitiges Ende gefunden. Anschließend ließ es sich nicht vermeiden, die Prozedur vom Abend zuvor in umgekehrter Weise zu wiederholen: Wasserschlauch abschrauben und Stromkabel einholen und sich dabei gleichzeitig der Mücken zu erwehren.

Auf der Weiterfahrt nach Pictou liegt im Hafen die „Hector", der Nachbau des Schiffes, das 1773 die ersten schottischen Einwanderer nach Kanada gebracht hat. Diese leiteten eine Einwanderungswelle ein, deren Nachkommen die Küstenlandschaft von Cape Breton bis heute maßgeblich kulturell beeinflussten. Ein Abstecher entlang der Route 245 zur Halbinsel Big Island bei Lower Barneys River ist eine der landschaftlich schönsten Küstenrouten entlang des Sunrise Trails. Die Halbinsel trennt das Meer von der Küste und bildet eine der größten Salzmarschen der Region mit Rastplätzen für viele Seevögel.

Sonnenuntergang an der Northumberland Küste

# CAPE BRETON

Die Fahrt ging weiter über Antigonish auf dem Canso Causeway nach Cape Breton. Cape Breton ist international geprägt und dort haben wir zum ersten Mal so richtig das „kanadische" Französisch gehört, wie es die Leute dort im Alltag sprechen. Es ist die Sprache der französischen Einwanderer, wie sie vor etwa 200 Jahren gesprochen wurde. Die Sprache hat heute zahlreiche Eigenheiten. So wurden Wörter, die vor 200 Jahren noch nicht existierten, nicht aus der französischen Sprache übernommen, sondern aus der englischen Sprache. Für das Wort „Auto" zum Beispiel wird nicht das französische Wort „voiture" sondern das englische Wort „car" benutzt.

Cape Breton hat eine internationale Geschichte, die über 200 Jahre für kriegerische Auseinandersetzungen gesorgt hat. Ein Italiener, John Cabot hat hier 1497 Nova Scotia für England in Besitz genommen. Knapp vierzig Jahre später kam ein Franzose namens Jacques Cartier nach Nova Scotia, aber er hat dieses Mal das Land für Frankreich in Besitz genommen. Nun hatte Nova Scotia zwei verschiedene „Besitzer". Das hat in der Folge natürlich eine Menge Ärger zwischen den Engländern und den Franzosen gegeben und der Ärger wurde kriegerisch von Anfang des 17. Jahrhunderts bis Ende des 18. Jahrhunderts ausgetragen. Etwa weitere 40 Jahre nach Jacques Cartier kamen mit der „Hector" besonders viele Schotten in den Südwesten von Cape Breton. Sie fanden an Cape Breton einen besonderen Gefallen, weil die gebirgige Landschaft von Cape Breton den Highlands in Schottland sehr ähnlich ist. Die Schotten haben sich vor allem im Südwestern von Cape Breton niedergelassen und daher heißt der Trail durch dieses Gebiet auch Ceilidh Trail. Das ist gälisch und heißt soviel wie „sich zusammenfinden". Das haben die Schotten auch oft getan, viel Musik zusammen gespielt und viel gesungen, ein Brauchtum, das sie bis heute pflegen. Landschaftlich herrscht im Südwesten eine schroffe, felsige Steilküste vor, von der man weit über das Meer schauen kann. Für die folgende Übernachtung fanden wir mit unserem Mobilhome auch einen solchen Platz mit herrlicher Aussicht über den St. Lorenz Golf.

Am nächsten Tag fuhren wir in den Cape Breton Highlands Nationalpark. Die Landschaft, die Natur- und die Tierwelt am nördlichen Ende der Insel, wird durch den Cape Breton Highlands National Park vor zivilisatorischen Einflüssen geschützt. Wählt man den westlichen Parkeingang bei Petit Etang als Ausgangspunkt seiner Parkrundfahrt, ist der Blick auf die steile Gebirgsstraße des Cabot Trails hinauf in den Park besonders beeindruckend.

Cape Breton Steilküste im Südwesten

Der mittlere Teil der Inselrundfahrt durch den Cape Breton Highlands Nationalpark wird durch waldreiche Schluchten mit atemberaubenden Ausblicken auf den Atlantik bestimmt.

Der Cabot Trail erreicht seinen nördlichsten Punkt bei Cape North und wendet sich dann wieder nach Süden. Die Küste wird jetzt vereinzelt etwas flacher, obwohl auch hier steile Berg- und Talfahrten mit einer Sicht weit hinaus auf den offenen Atlantik die Fahrt zwar anstrengend aber gleichzeitig auch sehr ereignisreich gestalten.

*Cape Breton Nationalpark*

Kurz vor unserer Abfahrt mit dem Mobilhome in Halifax noch bei der Autovermietung hatte uns ein Kanadier gefragt, wohin unsere Reise gehe. Wir sagten, nach Cape Breton. Da komme er gerade her und er würde nie mehr hinfahren, war seine Antwort. Auf unsere Frage nach dem Grund sagte er: „Only rocks and woods and woods and rocks!" Das klang nicht besonders einladend, aber wir haben unsere Reiseroute trotzdem nicht geändert und festgestellt, dass man das so nicht sagen kann. Es stimmt zwar, auf Cape Breton gibt es viele Felsen und viel Wald, aber ebenfalls eine beeindruckende Steilküste mit phantastischen Ausblicken auf das Meer und in die tief in die Landschaft eingeschnittenen Täler mit ausgedehnten Wäldern. Wenn man Glück hat, trifft man auf Adler und Elche und wenn man weniger Glück hat, trifft man auf einen Bären! Also, der Cape Breton Highland Nationalpark ist doch eine Reise wert. Wir haben Cape Breton dann weiter in Richtung Ostküste nach Süden umrundet, über Sydney Richtung Louisbourg.

Sehenswerte Orte reihen sich hier aneinander, wie White Point mit seinem kleinen Hafen, welcher die Fischerboote vor den Wellen des Atlantik schützt oder Green Cove mit einer einzigartigen Küste aus riesigen, rosaroten Granitblöcken, glatt geschliffen von den ständig anrollenden Wellen der offenen See. Ingonish, ist ein weiterer bekannter Ferienort, der alles bietet von einer besonderen landschaftlichen Schönheit mit zahlreichen Möglichkeiten zum Wandern und Fischen, allen Arten von Freizeit- und Wassersport im Sommer und sogar Skiabfahrten im Winter.

Hat man bei South Gut St. Anns dann den Highway 105 in Richtung Sydney erreicht, wird die Romantik der Naturschönheiten jäh unterbrochen und man fühlt den unsteten Puls einer Großstadt. An Sydney vorbei auf der Route 125 und 22 führt der Weg nach Louisbourg, ein absolutes Muss, hält man sich in dieser Region auf. Kurz vor Louisbourg am Mira River fanden wir einen herrlichen bewaldeten Campingplatz. Der Aufenthalt dort verlief ohne besondere Vorkommnisse, wenn man davon absieht, dass mein Vater das Mobilhome beinahe über einen Abhang in den Mira River gefahren hätte. Um das zu vermeiden, musste er schnell rückwärts fahren und dabei prallte er mit der hinteren Stoßstange an einen Baum, so dass ein kleines Stück vom Kunststoff der Stoßstange absplitterte. Das haben wir dann am nächsten Tag abends nahezu fachgerecht repariert. Gegen Abend nach unserer Ankunft auf dem Campingplatz wollten wir noch einen ersten Blick auf die nahe gelegene Festung Louisbourg werfen.

*Louisbourg Fortress*

# LOUISBOURG

Louisbourg Fortress ist der originalgetreue Nachbau von etwa einem fünftel der alten Festung von Louisbourg, die die Franzosen 1719 angefangen haben zu bauen. Die Festung wurde von den Engländern 1745 eingenommen. Aber bereits drei Jahre später mussten die Engländer die Festung aufgrund eines Friedensvertrages wieder an die Franzosen zurückgeben. Dann haben die Engländer ein zweites Mal die Festung eingenommen und damit eine eventuell erneute Rückgabe an die Franzosen nicht wieder passiert, zerstörten die Engländer die Festung 1768 vollständig und machten sie dem Erdboden gleich. Vor rund 40 Jahren entschlossen sich die Kanadier die Festung teilweise wieder wie früher neu aufzubauen. Damit alles auch richtig anschaulich wird, laufen dort die „Einwohner" von Louisbourg in den Kostümen des 18. Jahrhunderts herum. So hat man den Eindruck, als wäre man ein Zeitreisender. Alles wirkt echt und kein bisschen kitschig, wie man zunächst erwarten könnte. Die Einwohner von Louisbourg singen, tanzen, sitzen in ihren Stuben oder in den Kneipen herum, so dass es richtig echt aussieht; nur wirklich arbeiten habe ich keinen gesehen. Aber, wenn man fragt, was sie da machen oder wenn man sonst etwas über Louisbourg wissen will, dann erklären sie alles ganz genau und so anschaulich, dass man sich wirklich in die damalige Zeit zurückversetzt fühlt. Das wollten wir natürlich alles sehen. Es ging aber nicht, denn die „Einwohner" von Louisbourg streikten und Louisbourg war geschlossen. Ich muss sagen, dass das ein echter Stilbruch war für die Leute aus dem 18. Jahrhundert! Und uns hat es mächtig geärgert. Aber am nächsten Tag haben die Leute von Louisbourg ihren Streik glücklicherweise für einen Tag unterbrochen und so konnten wir Louisbourg doch noch besichtigen.

Aus der Geschichte von Louisbourg lässt sich folgenden berichten: Die Festung Louisbourg ist ein National Historisches Gelände und war einst ein geschäftiger Hafen und eine mächtige Festung. Seit seiner Gründung durch die Franzosen 1713 bis zu seiner Zerstörung und Aufgabe 1768, war Louisbourg ein bedeutender Ort in Nordamerika. Während seiner Glanzzeit war Louisbourg das Verwaltungszentrum der französischen Besitzungen in Atlantik Kanada, ein Fischereistützpunkt für Kabeljau, der der Kolonie und dem Mutterland großen Reichtum einbrachte und ein Zentrum für den Handel mit Frankreich, französisch Westindien, Quebec Akadien in Kanada und Neu England. Der Ort besaß etwa 3200 Einwohner und über 100 Handelsschiffe segelten jährlich in und aus dem Hafen. Louisburg war eine militärische Festung und Marinebasis, um die Interessen Frankreichs in dieser Region zu schützen und schließlich war es das Schlachtfeld in beiden Kriegen 1745 und 1758. Anders als andere koloniale Siedlungen, wurde auf dem Grund und Boden von Louisbourg keine moderne Stadt gebaut, so dass sich die Festung von Louisbourg als eine großartige archäologische Zeitkapsel erhalten hat.

Jeden Sommer erwacht die Festung wieder zu neuem Leben, wenn Dutzende kostümierte Animatoren sich in die Stadtbewohner des Sommers 1744 verwandeln. Zeitgenössische Häuser und zeitgenössisches Leben flankieren die Rue Toulouse, die Rue Royale und die geschäftige Wasserfront. Männer, Frauen und Kinder stellen stilgerecht das gesellschaftliche Leben dar, vom beschaulichen Müßiggang der Reichen bis zur harten körperlichen Arbeit der Armen. Man sieht Bauleute, Musikanten, Soldaten, Kaufleute und Straßenhändler,

Bäcker, Dienstleute und Fischer. Die Bewohner überraschen und entzücken den Besucher durch ihre Erzählungen, ihre Tänze und Musik, ihr Kochen und Nähen, durch Gartenarbeiten und militärische Vorführungen. Über 25 Gebäude sind für die Öffentlichkeit zu besuchen und man wird angehalten, dies auch zu tun.

Die Festung Louisbourg ist vom 1. Juni bis zum 30. September mit all seinen Aktivitäten zu besichtigen, vom 1. bis 15. Oktober sind die Schaustellungen eingeschränkt und danach nur noch für Besichtigungstouren geöffnet. Für die Besichtigung der Festung Louisbourg sollte man sich einen ganzen Tag Zeit nehmen.

*Spiel und Tanz in Louisburg*

# BRAS D`OR

Wenn man Louisbourg besichtigt hat und wieder in Richtung Halifax, dem Anfang unserer Rundreise zurückfahren möchte, wählt man am besten die Route 4 auf dem Scenic Drive entlang der Ufer des Bras d`Or Lakes. Die Landschaft ist beschaulich, flach hügelig, teilweise bewaldet. Es finden sich zahlreiche kleine Ortschaften und Farmen. Der Bras d`Or ist ein riesiger Binnensee, eigentlich streng genommen, ist es ein Binnenmeer, denn der See enthält Salzwasser und er hat eine Gezeitenfolge. Der See besitzt zahlreiche Buchten und Inseln und die Ufer laden zum Wandern ein. Auf den zahlreich angebotenen Bootstouren kann man den See erkunden und die üppige Vogelwelt bewundern. So kommt man allmählich zurück, um über den Canso Causeway Cape Breton wieder zu verlassen und über den Marine Drive entlang der East Shore nach Halifax zu gelangen.

*Abendnebel*

# DIE EAST SHORE

Die Verlängerung der South Shore nordöstlich von Halifax entlang der Atlantikküste nennt man die East Shore. Hier verläuft der Marine Drive, die Route 7. Die Küste ist ähnlich der South Shore mit vorgelagerten kleinen Inseln, zahlreichen Buchten, vereinzelt mit herrlichen Sandstränden bedeckt oder durch steile Granit Klippen begrenzt. Der Martinique Beach bei Musquodoboit Harbor ist der längste Sandstrand in Nova Scotia mit bogenförmigen Sandstränden und felsigen Landzungen. Das Hinterland ist flach hügeliges Farmland mit zahlreichen Seen und Flüssen.
Die East Shore ist nicht die Gegend der großen Hotels und der betriebsamen Hektik. Wenn man aber die See des offenen Atlantik liebt, Freude daran hat, mit Kajaks entlang der Küste und den zahlreichen kleinen vorgelagerten Inseln zu paddeln oder es genießt, auf dem Festland zahlreiche Sägemühlen oder Leuchttürme zu besuchen, dann wird man sich an der East Shore wohl fühlen.

Weil wir den Tag bis mittags in Louisbourg verbracht hatten, mussten wir jetzt zügig weiterfahren. Unser Ziel war ein Campingplatz bei Stillwater, kurz vor der Atlantik Küstenstraße. Dort kamen wir auch wohlbehalten gegen Abend an. Am nächsten Tag ging es weiter die Küste der East Shore entlang in Richtung Halifax. Die Küstenstraße ist sehr kurvig, weil die Atlantikküste dort sehr zerklüftet ist.

Die Straße führte aus diesem Grund auch oft von der Küste landeinwärts, bergauf und bergab. Wir waren nach der Fahrt mit dem großen Mobilhome jetzt auch schon etwas müde geworden und hatten genug gesehen, so dass wir froh waren, als wir unseren letzten Campingplatz bei Murphy´s Cove erreicht hatten.
Am nächsten Tag gaben wir unser Mobilhome wieder zurück und somit war unsere Reise nach Cape Breton zu Ende.

South Shore Murphy's Cove

# DIGBY NECK UND BRIER ISLAND

Einen weiteren und sehr empfehlenswerten Ausflug unternahmen wir im Herbst nach Digby Neck und Brier Island. Digby ist der Heimathafen der größten Scallop Fangflotte von Nord Amerika und liegt im Südwesten von Nova Scotia an der Fundy Bay. Scallops sind die Schließmuskeln der Jacobsmuschel und neben dem berühmten Hummer die bekannteste Delikatesse in Nova Scotia. Digby Neck, eine etwa 50 km schmale, lang gestreckte Inselgruppe, zu welchen Long Island und Brier Island gehören, beherbergt auf Long Island zur St. Marys Bay gelegen den berühmten Balancing Rock, eine der populärsten Touristenattraktionen von Nova Scotia. Die Inseln sind durch Meeresarme getrennt und über Fähren miteinander verbunden, die rund um die Uhr halbstündlich oder je nach Verkehraufkommen auch häufiger fahren. Für eine Überfahrt wird nicht mehr als 15 Minuten benötigt.

Die Inselregion, die „die Zeit vergessen" hat, ist bekannt durch eine einzigartige Tier- und Pflanzenwelt. Die Landschaft ist teils bewaldet, teils felsig und von Moorgebieten, sowie von landwirtschaftlich genützten Flächen unterbrochen. Für den Besuch von Digby Neck sollte man einen Tag einplanen, oder noch besser die Hin- und Rückreise über Nacht unterbrechen und die Gelegenheit dazu nützen, auf Brier Island zu übernachten. Es gibt dort eine Lodge mit herrlichem Blick über die St. Marys Bay. Je nach Wetter, Tageszeit oder Muse darf man keinesfalls, entweder auf der Hin- oder Rückfahrt nach Brier Island den „Balancing Rock" bei Tiverton auf Long Island verpassen. Allein die knapp halbstündige Wanderung durch ein mit Farn bewachsenes Moorgebiet, durch den Laub- und Nadelwald bis zur Steilküste, ist eindrucksvoll. Der Abstieg zum Balancing Rock über die 230 Stufen ist jedoch etwas mühsam und bei Regen auch nicht ganz ungefährlich.

Der Blick auf den „Balancing Rock" und über die St. Marys Bay entschädigen dann für die Anstrengung. Der Balancing Rock ist eine etwa sieben Meter hohe Felsnadel. Die Standfläche dieser Felsnadel ist so klein, dass mag glauben mag, der Fels könne jeden Moment umstürzen.

Balancing Rock

*Rückweg durch das Moor zum Balancing Rock*

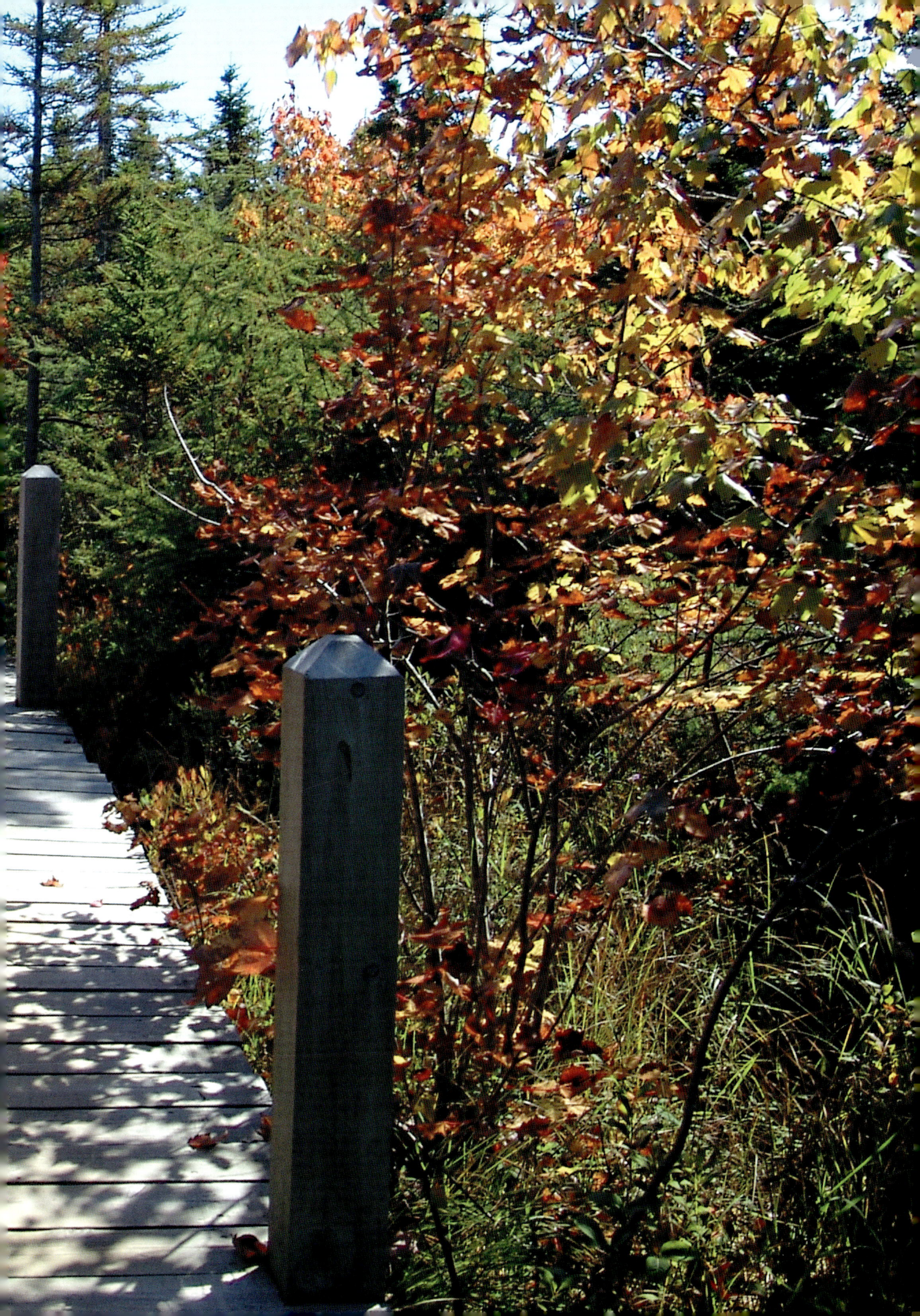

# ANNAPOLIS ROYAL UND PORT ROYAL

In der Nähe von Digby, etwa eine halbe Autostunde nordöstlich entfernt, liegt Annapolis Royal mit den berühmten „Annapolis Royal Historic Gardens" und dem Fort Port Royal. Dort kann man die Rekonstruktion einer der ersten permanenten europäischen Siedlungen auf nordamerikanischem Boden besuchen, gegründet vor 400 Jahren. Die historischen Gärten von Annapolis Royal zeigen verschiedene Nutz- und Ziergärten aus der Zeit der ersten Besiedlung mit einer Hütte im Stil der damaligen Zeit.

Die ersten französischen Siedler haben in Annapolis - Royal dicht bewaldete Sumpfgebiete entwässert, um dort Gärten anzulegen. Die historischen Gärten stellen eindrucksvoll verschiedene Perioden in der geschichtlichen Entwicklung des Gartenanbaus aus der Region dar. Gepflegte Wege führen durch den Park und laden zu einem genussvollen, interessanten und lehrreichen Spaziergang ein.

Ganz in der Nähe von Annapolis Royal befindet sich Port Royal, ein kleines Fort mit großer Geschichte.

Port Royal liegt an einer langen Bucht, geschützt durch eine vorgelagerte Halbinsel und gilt als eine der ersten dauerhaften europäischen Besiedelungen des nordamerikanischen Kontinents. Seine Geschichte, die 1605 beginnt, ist so wechselhaft und zeitweise so undurchsichtig, wie das gesamte damalige Zeitgeschehen in dieser Region. 1604 wurde durch die Franzosen eine erste Siedlung weiter im Süden auf Saint Croix Island gegründet, welche jedoch in einem schrecklichen Desaster endete. Der erste Winter kostete durch Kälte, schlechte Bevorratung und Skorbut bedingt, nahezu der Hälfte der 79 Siedler das Leben.

Die Siedlung wurde darauf hin wieder aufgegeben und ein günstigerer Platz gesucht, der in der lang gestreckten und gut geschützten Bucht von Port Royal schließlich auch gefunden wurde. Die neue Siedlung wurde als kleines Fort aufgebaut und wie die ganze Region, Port Royal genannt. In dieser Region waren bereits seit Jahrhunderten die Mi´cmaq, ein friedfertiger und freundlicher Indianer Stamm beheimatet. Die beiden Völker lebten in Freundschaft und gegenseitiger Hilfsbereitschaft zusammen. Die Franzosen betrieben Ackerbau und trieben Handel mit den Mi´cmaq, sie übernahmen deren Kenntnisse und Gebräuche und konnten auf diese Weise überleben. Doch gerade als es schien, dass die Kolonie fähig war, aus eigener Kraft Fuß zu fassen, wurde die Besiedelungserlaubnis aus Frankreich widerrufen und die Kolonisten mussten zurück ins Mutterland. Erst 1610 wurde von Frankreich aus eine erneute Expedition nach Port Royal entsandt, welche von den Mi´cmaq erneut freundlich empfangen wurde.

Doch die kriegerischen Auseinandersetzungen zwischen Frankreich und England um das Land verschon Die

Port Royal

Wohnraum des Kommandeurs

ten auch Port Royal nicht und so wurde 1613 das Fort von den Engländern niedergebrannt und erst 1614 erneut aufgebaut.Durch einen Friedensvertrag zwischen England und Frankreich wurde Port Royal 1636 erneut durch die Franzosen besiedelt. Die Siedlung Port Royal verlegte man jedoch etwas weiter nach Osten nach dem jetzigen Ort Annapolis Royal, in das Gebiet einer noch heute überwiegend französisch stämmigen Bevölkerung.

**Es ist bis heute verwirrend:**
Nova Scotia hieß zunächst Acadia. Acadia war in der griechischen Mythologie eine Provinz, die bestimmt war von Frieden und Zufriedenheit. Die ersten französischen Siedler übernahmen diesen Begriff für ihre Siedlungsräume um Port Royal im heutigen Nova Scotia. Als die Engländer zunehmend Einfluss in der Region gewannen, beauftragte König James, König von Schottland und England, Sir William Alexander die Besiedlung der Region zwischen Neu England und Neufundland im Sinne Englands vorwärts zu treiben und nannte dieses Gebiet Nova Scotia. Die Besitzverhältnisse zwischen den französischen und englischen Siedlungen waren im weiteren geschichtlichen Verlauf oft unklar und wechselnd. Im Wesentlichen nannten die Engländer ihren Siedlungsraum Nova Scotia, die Franzosen ihren Siedlungsraum Acadia und obwohl die Provinz heute offiziell Nova Scotia heißt, ist es bis zu einem gewissen Maß so geblieben, dass die Provinz von den Franco-Kanadiern Acadia und von den Angelo-Kanadiern Nova Scotia genannt wird. Dennoch schützt der moderne Staat Kanada die zahlreichen ethnischen Gruppen seiner Bewohner und bewahrt deren kulturelle Vielfalt.

Während 200 Jahren bekriegten sich die Briten und die Franzosen auf Nova Scotia. Die Gewalttaten gipfelten schließlich im September 1755 in der dramatischen Zwangsumsiedelung der französischen Siedler im Gebiet um Grand Pré nach Frankreich, Louisiana oder den Carolinas durch die Briten Dennoch kehrten die Franzosen zurück und so wird heute die Region um Port Royal, Annapolis Royal und Le Pré durch die überwiegend franko - kanadische Bevölkerung kulturell geprägt.

Auch in Nova Scotia prallten die Kolonialinteressen der Franzosen und der Engländer an der Neuen Welt unerbittlich aufeinander. In den zwei Jahrhunderten andauernden kriegerischen Auseinandersetzungen wurde die bereits seit Jahrtausenden bestehende und hochentwickelte Kultur der Mi´cmaq Indianer ohne Rücksicht einbezogen.

# KEJIMKUJIK NATIONALPARK

Im Inneren der Halbinsel Nova Scotia zwischen der South Shore und der Fundy Bay, liegt der Kejimkujik Nationalpark. Er umfasst 381 km² Seen und eine sanft gewellte Waldlandschaft. Die Landschaft wurde in etwa 2 Millionen Jahren durch wiederholte Eiszeiten gestaltet und erhielt den letzten Schliff vor ca. 12000 Jahren, der letzten Eiszeit. Es entstand eine Seenlandschaft mit zahlreichen kleinen Flüssen und Wasserläufen, die die Landschaft und die reiche Tier- und Pflanzenwelt prägen. Den Mi´cmaq Indianern, die dieses Land über Jahrhunderte besiedelten, bot diese einzigartige Natur Heimat und Nahrung. Sie nutzten die weit verzweigten Flüsse und Seen als Verkehrswege für Jagd und Fischerei. Das Kanu war das bevorzugte Transportmittel.

*Beide Bilder Kejimkujik Nationalpark*

Heute laden zahlreiche, gut erschlossene Wege, Brücken und Stege ein, auf kürzeren Wanderungen oder auch auf längeren Tagestouren in herrlicher Natur die Schönheit der Tier- und Pflanzelenwelt zu erleben. Die weit verzweigten Gewässer ermöglichen Bootsfahrten, sowie ausgedehnte und abenteuerliche Kanutouren. Der warme Kejimkujik See bietet Gelegenheit zum Baden und Entspannen. In den Monaten von Mai bis Juli ist es ratsam, sich gegen die Mücken zu schützen. Während der Ferienmonate Juli bis September ist der Park sehr besucht. Besonders ab Ende September und vor allem im Oktober, während des „Indian Summer", mit den leuchtenden Rottönen der herbstlich gefärbten Laubwälder, enthüllt der Park seine wahre Schönheit.

*Indian Summer*

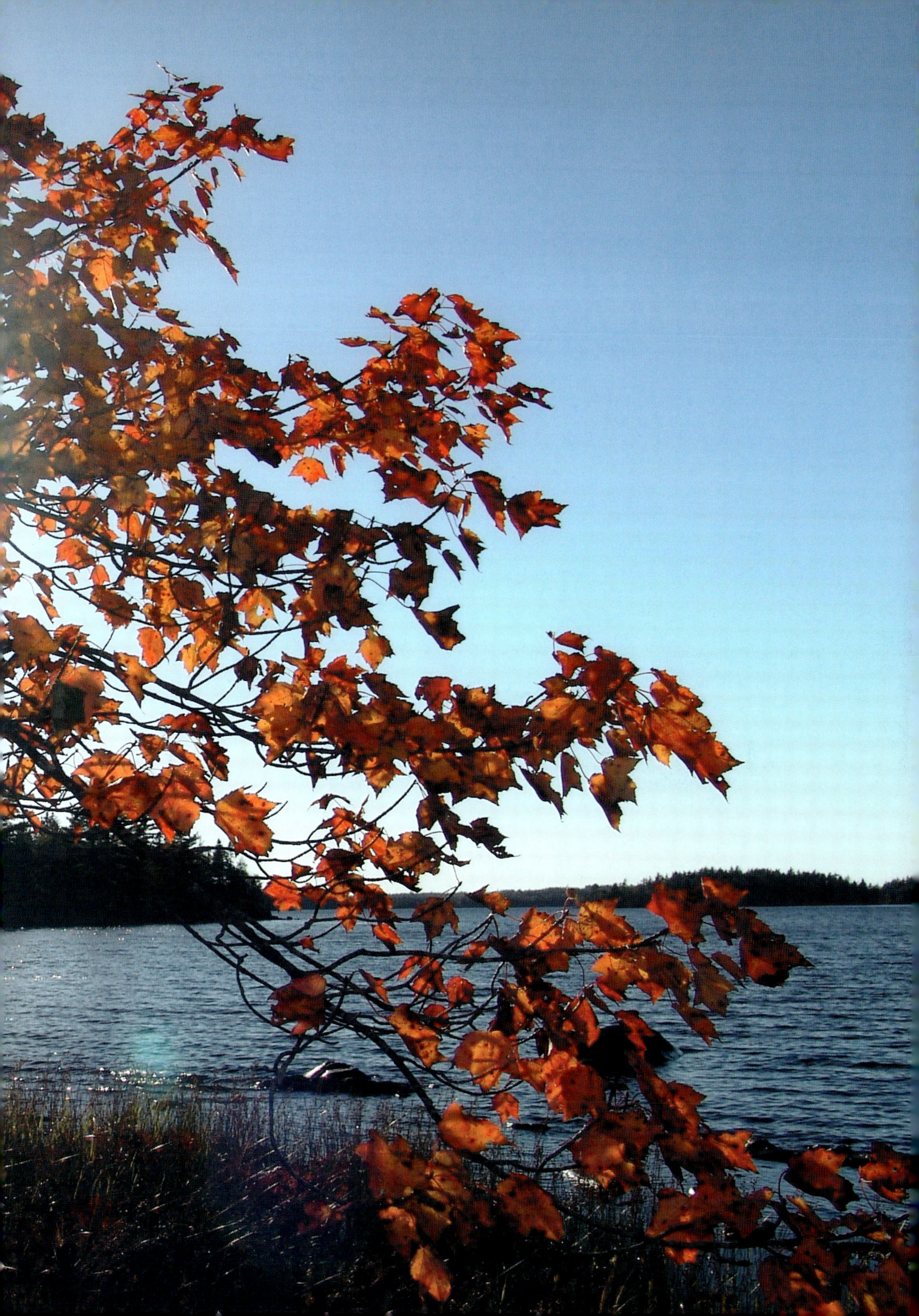

# HERBST UND INDIAN SUMMER

Anfang September hatten wir unsere erste Frostnacht und nur wenige Tage später begannen sich an einigen Bäumen die Blattspitzen besonders an den Astenden allmählich rot zu verfärben und da wussten wir, dass es Herbst wurde. Zu Beginn des Herbstes hat der nördliche Teil der USA und das angrenzende Kanada eine Besonderheit zu bieten, die man den Indian Summer nennt.

Woher der Name „Indian Summer" kommt und ob der Name überhaupt etwas mit den Indianern zu tun hat, weiß man nicht genau und deshalb gibt des darüber auch eine Menge verschiedener Erklärungen. Der Name Indian Summer wird zum ersten Mal in einem Brief von Crevecoeur 1778 überliefert. Weil er in dem Brief erwähnt, dass diese Wärmeperiode „Indian Summer" genannt wird, so ist der Begriff also bereits älter und der Ursprung, aber auch dessen Bedeutung ist ungewiss. Die wahrscheinlichste Erklärung für den Namen „Indian Summer" ist, dass die Indianer diese Wärmeperiode im Herbst zur Jagd vor dem Winter ausgenützt haben.

Man bezeichnet als Indian Summer eine stabile Warmwetterperiode nach den ersten Frösten. Wie, wenn die Natur nochmals alle Farben, die sie hervorzubringen vermag, ein letztes Mal mit aller Macht zur Schau stellen wollte, ehe sie für mehrere Monate im Schnee versinkt, färben sich die Blätter der verschieden Laubbäume in leuchtende Farben, von einen leuchtenden Gelb über sämtliche Braun Töne bis in ein farbintensives Hell- und tiefes Dunkelrot. Um die Veränderung der Blattfarben besonders zu betonen, behalten einige Bäume weiter ihr Grün, so dass im Sonnenschein aber auch bei Dunst und im Nebel die Wälder von Nova Scotia eine einzigartige Farbenpracht entsteht. Kommen dann Mitte Oktober die ersten Herbststürme und verweht die Blätterpracht, steigen abends die Nebel auf und färbt sich der Himmel in ein eintöniges Grau, dann ist der Winter nicht mehr fern.

*Herbstnebel*

# HALLOWEEN

Zuvor kommen aber noch Halloween und die Geschichte, warum die Kürbis-Gesichter so eine wichtige Rolle bei Halloween spielen. Halloween wird am 31. Oktober gefeiert und zuerst war ich der Meinung, es ist wie die Walpurgisnacht, eine Art Hexenfeier. Schon Wochen vor Halloween sah man in den Geschäften überall Hexenpuppen, Hexen- und Vampirkostüme sowie allerlei weitere schauerliche Kostüme zum Verkleiden, teilweise mit Totengerippen und Totenköpfen bemalt zum Erschrecken der Leute. Es gab massenweise Laternen und Kürbisse, in die kunstvoll gruselige Gesichter geschnitzt waren.

*Scarecrows in Mahone Bay*

Da Halloween auch schon in Deutschland gefeiert wird, und am Halloween Abend Kinder auch in Deutschland nachts von Haus zu Haus ziehen, um Süßigkeiten zu erbetteln, glaubte ich so ungefähr zu wissen, was ich zu erwarten hatte. Halloween ist in Kanada jedoch ein weit bedeutsameres Ereignis. Selbst die Schule veranstaltete eine Halloween Party und ich wurde für den Abend des 31. Oktober von Freunden eingeladen, ebenfalls kostümiert mit durch die Straßen zu ziehen. Ein Schulfreund durfte nicht mitkommen. Dieses Jahr war der Halloween Abend an einem Sonntag und die Mutter war der Meinung, dass Ihr Sohn nicht ausgerechnet an einem Sonntag, an dem man vormittags zur Kirche geht, abends einen „heidnischen" Brauch feiern sollte. Aber Halloween ist gar kein „heidnisches" Fest.

Halloween kommt von „All Hallows Day", Allerheiligen Tag, und das ist ein Katholischer Feiertag zum Gedenken aller Heiligen. Aber weil im keltischen Irland, woher der Brauch kommt, an diesem Tag das Jahr zu Ende ging, hat man dort auch der Toten gedacht, die im Verlauf des vergangenen Jahres verstorben waren. Man dachte, dass manche der Toten möglicherweise aufgrund ihrer Sünden noch nicht sofort den Weg zum Himmel gefunden hätten und herumirren müssten, um sich unter den Lebenden einen neuen Körper zu suchen. Nun wollten die Lebenden natürlich auf keinen Fall von einem Untoten eingenommen werden und deshalb haben sich die Lebenden selbst als Tote verkleidet und sich gegenseitig erschreckt, so dass nicht mehr erkennbar sein sollte, wer lebend oder wer tot war.

So ein Toter war auch Jack und jetzt kommt die Geschichte mit dem erleuchteten Kürbis. Jack, so wird erzählt, war ein schlimmer Säufer und Betrüger. So hat er selbst einmal den Teufel betrogen, indem er ihn auf einen Baum lockte und als der Teufel oben in den Ästen saß, schnitzte Jack schnell ein Kreuz in den Baumstamm, so dass der Teufel oben im Baum gefangen war und nicht mehr herunter konnte. Um wieder frei zu kommen, versprach der Teufel dem Jack, dass er trotz seiner vielen Sünden nicht in die Hölle komme. Als Jack dann später starb, wurde ihm von Petrus aufgrund seiner vielen Sünden der Zugang zum Himmel verwehrt. In die Hölle kam er aufgrund des Versprechens des Teufels auch nicht und so musste er hilflos zwischen Himmel und Hölle in der Dunkelheit herumirren. Das hat selbst den Teufel erbarmt und so gab er Jack ein glühendes Holzkohlestück als Licht in der Dunkelheit. Dieses glühende Holzkohlestück steckte Jack in eine ausgehöhlte Rübe, damit es nicht durch den Wind erlosch. Später wurde die Rübe dann durch den Kürbis ersetzt, da sich der Kürbis als Laterne besser eignet als eine Rübe. In diesem Zusammenhang ist auch der Brauch zu verstehen, dass die Kinder von Haus zu Haus gehen, um Süßigkeiten zu erhalten. In Kanada nennt man das „trick-or-treat" und es bedeutet sinngemäß „Süßes oder Saures". Dafür versprechen die Beschenkten für die umherirrenden Toten zu beten, damit sie endlich Ruhe finden mögen, wenn sie „Süßes" geschenkt bekommen. „Saures" bedeutet, kein Geschenk, also kein Gebet für eine Erlösung!

Meist wurden wir jedoch reichlich beschenkt und so bin ich mit dem mit Süßigkeiten voll gefüllten Wäschesack meiner Mutter am Halloween Abend wieder nach Hause zurückgekommen.

# TIERE IM WALD

In Nova Scotia gibt es keine gefährliche giftigen Tiere, keine giftigen Schlangen, keine giftigen Spinnen oder giftigen Skorpione. Es leben hier jedoch auch Tiere, vor denen man Respekt haben und denen man besser aus dem Weg gehen sollte. An einem frühen Morgen sah ich durchs Fenster und da saß eine große Schildkröte auf dem Platz vor unserem Haus. Als mein Vater und ich uns der Schildkröte näherten, versteckte sie sich nicht vollständig unter Ihrem Panzer, wie das sonst die Schildkröten tun, sondern sie zog nur die Füße ein, die lange, scharfe Krallen hatten und schaute uns böse an. Da die Schildkröte auf unserem Vorplatz nun wirklich nichts zu suchen hatte, wollte ich sie wegtragen. Dazu zog ich die dicken Lederhandschuhe an, die mein Vater normalerweise zur Gartenarbeit benutzt. Zum Glück, denn blitzschnell schnappte die Schildkröte mit ihrem großen Maul nach meiner Hand, erwischte sie jedoch nicht. Da wussten wir, dass wir eine Nordamerikanische Schnappschildkröte vor uns hatten. Wir haben im Internet nachgelesen und da stand, dass diese Schildkröten durchaus in der Lage sind, mit ihren kräftigen Kiefern, einen Finger abzubeißen. Oft sei die Schildkröte auch im flachen Wasser in der Uferböschung eines Sees verborgen und aufgrund ihrer Farbe und Form kaum zu sehen. Das hat uns veranlasst, die Schildkröte an einen anderen Teil des Sees umzusiedeln, um ihr möglichst nicht mehr zu begegnen.

White Tails

Hummingbird

Angeblich sollte es in unserer Nähe auch Bären geben und zwar Schwarzbären, die schneller rennen und besser klettern können als ein Mensch. Die Bären sollen gegenüber den Menschen zwar nicht aggressiv und gefährlich sein, solange sich der Bär nicht bedroht fühlt oder nicht glaubt, er müsse seine Jungen beschützen. Auch fressen Bären lieber Beeren und fangen Fische als dass sie Menschen jagen, aber dennoch war der Gedanke vielleicht einem Bären zu begegnen etwas beunruhigend. Doch wir sagten uns, dass die Bären sicher in etwas weiter abgelegenen Gegenden leben würden. Anfangs hatten wir gelegentlich versucht durch Essensreste Waschbären, die man hier Raccoons nennt, anzulocken. Dann saßen wir einmal abends gegen 10 Uhr am offenen Fenster und plötzlich hörten wir so ein komisches Grunzen und Schnaufen. Da waren wir doch etwas in Sorge, dass das ein Bär sein könnte und seitdem warfen wir lieber keine Essenreste mehr in den Wald. Am nächsten Morgen suchten wir nach Spuren, konnten jedoch von einem Bären keine Spur entdecken. Wahrscheinlich hatten wir uns geirrt! Doch kurz vor Winterbeginn erzählte mir eines Morgens meine Schulbusfahrerin, sie habe auf der Fahrt ganz in der Nähe einen Bären gesehen. Als dieser Bär am nächsten Tag auch in der Zeitung abgebildet war und über ihn berichtet wurde, war klar, es gibt hier Bären und man befolgt besser die Ratschläge, eine Begegnung mit einem Bär zu vermeiden. Wenn wir jetzt im Wald spazieren gingen, sangen wir immer ganz laut, das vertreibt jeden Bär und wir sind auch tatsächlich nie einem Bär begegnet - Gott sei Dank!

Aber dann sahen wir eines Tages ein anderes Tier, das meiner Mutter einen ebenso großen Schrecken eingejagt hat. Zu Hause in Deutschland hatte meine Mutter die größte Angst, es könnte in Nova Scotia Wölfe geben. Mein Vater beruhigte meine Mutter indem er ihr einredete, dass da, wo wir hingehen noch niemals ein Wolf gesehen worden sei. Und das hat sie auch geglaubt. Es war inzwischen Winter geworden, draußen war der Wald tief verschneit, als eines Samstag morgens mein Vater mich ganz aufgeregt aus dem Bett trommelte, obwohl ich eigentlich doch viel lieber schlafen wollte, weil keine Schule war. Als ich in unser Wohnzimmer kam, standen meine Eltern am Fenster und mein Vater reichte mir das Fernglas. Was ich da sah, konnte ich fast nicht glauben, nämlich ein Tier, das wie ein leibhaftiger Wolf aussah und ungefähr 500 m von unserem Haus entfernt ganz gemächlich über den zugefrorenen, verschneiten See trottete.
Es gelang uns, dieses Tier zu photographieren und so konnten wir später feststellen, dass es nicht ein Wolf, sondern ein Coyote gewesen war. Einige Tage später sah ich dann ganz in der Nähe meiner Schule nicht weit neben der Straße vom Schulbus entfernt erneut einen Coyoten. Meine Busfahrerin erzählte, dass hier Coyoten gar nicht so selten vorkommen, aber ein Coyote hätte nach ihrem Wissen hier noch nie ein Mensch angefallen. Das habe ich meiner Mutter erzählt und darauf hat sie sich wieder beruhigt. Dennoch haben wir uns während des Winters nicht mehr weit in dem Wald hineingetraut.
Es gab im Wald jedoch vor allem eine Menge lustige Tiere. Am liebsten von allen Tieren mochte ich die Chipmunks und die Raccoons. Die Chipmunks sind Erdhörnchen, eine Mischung zwischen Maus und Eichhörnchen. Sie sind ein bisschen größer als eine Maus, aber mit einem braunen Fell und hellen und dunklen Streifen auf dem Rücken. Sie haben einen buschigen Schwanz, der allerdings nicht ganz so buschig ist, wie der Schwanz von einem Eichhörnchen. Die Chipmunks waren wahnsinnig frech und rannten dauernd über unsere Terrasse zu den Sonnenblumenkernen, die wir ausgestreut hatten.
Nach einiger Zeit besuchten uns auch die Raccoons. Zunächst kamen sie erst abends, wenn es dunkel war vorsichtig angeschlichen. Die Raccoons sehen aus wie große, bucklige Katzen mit einer spitzen Schnauze und einer Dunkelfärbung um die Augen, die wie eine große Brille aussieht. Das sieht sehr lustig aus. Zuerst

*chipmunk*

*raccoon*

Zuerst ließen sich nur zwei Raccoons blicken, doch langsam vergrößerte sich die Schar. Besonders ein kleiner Raccoon mit einem zottigen Fell, der einen etwas verwahrlosten Eindruck machte, schlossen wir in unser Herz. Es muss ein ganz junger Raccoon gewesen sein, der irgendwie seine Familie verloren hatte, denn er kam immer allein. Dieser kleine Raccoon besuchte uns manchmal schon nachmittags und bettelte um Fressen. Mit der Zeit hatten wir das Gefühl, er betrachtete uns als ein Art Ersatzfamilie. Man sieht übrigens ganz deutlich, ob sich ein Raccoon sicher fühlt oder nicht. Wenn er Angst hat, kommt er natürlich überhaupt nicht. Aber wenn er mehr Hunger als Angst hatte, kam er vorsichtig angetrottet, nahm sich einem Happen und ging wieder in die Dunkelheit zurück. Wenn er sich dagegen sicher fühlte, fraß er vor unserem Fenster, wenn er sich ganz wohl fühlte, legte er sich zum Fressen hin und schaute uns mit seinen kleinen lustigen, schwarzen Knopfaugen an. Später als die Raccoons mit uns schon mehr vertraut waren und sich sicher fühlten, stellten sie sich gelegentlich vor unserem Fenster auf die Hinterbeine und schauten interessiert durch das Fenster in unser Wohnzimmer hinein, so dass wir das Gefühl hatten, wie Tiere im Zoo im unserem „Käfig" betrachtet zu werden.

Auch zahlreiche Vögel kamen im Winter zu unserem Futterhäuschen, vor allem Bluejays. Dies sind wunderschöne blau-weiß gefärbte Vögel, mit weißen Tupfen auf dem Schwanz. Sie sind so groß wie ein Eichelhäher, mit denen sie auch verwandt sind. Die Bluejays stritten sich oft mit den Chipmunks, so lange die sich noch nicht zum Winterschlaf zurückgezogen hatten um die Körner, aber meistens wurden sie doch von den frechen Chipmunks vertrieben. Es gab noch viele verschiedenartige Vögel, die ich gar nicht alle aufzählen kann. Sehr überrascht war ich, dass es hier im Sommer sogar Kolibris in schillernd grünen Federn gab, die man Hummingbirds nennt. Die Hummingbirds waren dann Anfang September plötzlich verschwunden, um im warmen Süden zu überwintern.
Als der Winter mit Schnee kam, änderte sich die Besucherschaft auf unserer Terrasse. Nachdem die Hummingbirds im Oktober plötzlich verschwunden waren, zogen sich als erste die Chipmunks zum Winterschlaf zurück. Dann folgten die Raccoons und auch die Bluejays ließen sich immer seltener blicken. Dafür kamen zahlreiche kleinere Vögel mit verschieden farbigem Gefieder, die eine gewisse Ähnlichkeit hatten zu unseren Kohlmeisen und Grünfinken. Die Vormachtstellung übernahmen jetzt die Eichhörnchen. Ein Eichhorn, den wir den „Dicken" nannten, kam schon am frühen Morgen zum Futterhäuschen und verbrachte fast den ganzen Tag mit dem Fressen der Sonnenblumenkerne. Mit der Zeit hatte er sich so einen richtig dicken Bauch angefressen.

So wohnten wir eng mit den Tieren des Waldes zusammen, denn das nächste Haus war gut einem Kilometer von uns entfernt und außer auf den Wegen konnte man kaum in den Wald gehen, weil der Wald dicht zugewachsen war mit Büschen und Bäumen.

Blue Jay

Canadian Squirrel

# WINTER UND DER ERSTE SCHNEE

Der erste Schnee fiel am frühen Samstagmorgen des 13. November. Als wir morgens aufwachten, hatte es geschneit. Über 10 cm tief lag bereits der Schnee auf unserer Terrasse und es schneite noch immer. Die erste Reaktion meiner Mutter war: „Jetzt kann ich endlich meine neuen Winterstiefel anziehen" und mein Vater rannte begeistert in Gummistiefeln mit dem Fotoapparat um das Haus und hätte am liebsten jede Schneeflocke einzeln photographiert. Wir waren alle ziemlich aufgeregt, denn es war offensichtlich: Jetzt war er da - der kanadische Winter! Niemand hatte jedoch geahnt, dass es gleich so dick kommen würde! Es schneite den ganzen Tag und gegen Nachmittag lag bereits der Schnee über 20 cm hoch. Wir fuhren noch schnell nach Bridgewater, um endlich den Winterpullover einzukaufen, gegen den ich mich seit Wochen gewehrt hatte. Die Straßen waren noch nicht geräumt, aber dank des Vierradantriebs unseres Geländewagens hatten wir keine ernsthaften Schwierigkeiten durch den Schnee zu kommen. Aber es schneite weiter und am nächsten morgen lagen schon nahezu 60 cm Schnee und dann ging nichts mehr, auch kein Strom. Der Strom war bereits während der Nacht ausgefallen und das brachte einige unangenehme Begleiterscheinungen mit sich, keine Heizung, kein elektrisches Licht, kein Herd, keine Kühltruhe und kein Kühlschrank funktionierten noch. Besonders problematisch war jedoch die Wasserversorgung, da der Wasserdruck über elektrische Pumpen geregelt wurde. Es funktionierte keine Dusche (das war ja noch zu verschmerzen), aber auch kein Wasserhahn und keine Toilettenspülung und der See vor unserem Haus war inzwischen dick zugefroren.

Vorsorglich hatten meine Eltern im Herbst einen Holzvorrat angelegt. Mein Vater hatte eifrig Holz gespalten und meine Mutter stapelte es praktischerweise direkt neben der Haustür unter den Carport. So gab uns der Holzofen wenigstens Wärme. Im Sommer hatten wir schon einmal durch einen Stromausfall einen Totalverlust aller Lebensmittel in der Kühltruhe erlebt. Deshalb hatten wir vorsorglich eine große Plastiktruhe gekauft. In diese wurden nun alle zu kühlenden Lebensmittel gepackt, dazu Plastikbeutel mit Schnee gefüllt und nachdem wir die Truhe mit einem Deckel gut verschlossen hatten, vergruben wir sie draußen im Schnee. Schnee wurde zu Wasser auf dem Ofen aufgetaut, die Lasagne vom Vortag ließ sich auf dem Ofen aufwärmen und eine Öllampe und Kerzen hatten wir ebenfalls als Notreserve.

*Erster Schnee*

So war lediglich die Toilette ein Problem, aber der dichte Wald um unser Haus war ja weiträumig und sehr einsam.

Ein weiteres Problem war, wir waren vollständig eingeschneit und von der Umwelt abgeschnitten, denn unser Auto blieb trotz Vierradantrieb im tiefen Schnee stecken. So hatte uns der Winter gefangen, aber wir trotzten standhaft der eisigen Belagerung. Die einzige Verbindung zur Außenwelt war mein kleines batteriebetriebenes Transistorradio und so erreichte mich die frohe Botschaft: Die Schule war wegen des schlechten Wetters und wegen des Stromausfalls geschlossen und ich hatte schulfrei! Gegen Abend gingen dann plötzlich die Lichter wieder an und wir hatten Strom. So dauerte mein schulfrei leider nur einen Tag, doch es stellte sich nun immer dringender das Problem, durch den hohen Schnee, die 700 Meter bis zur Straße zu kommen. Wir hatten zwar für den Winter einen Schneeräumdienst beauftragt, aber wegen des so unerwartet vorzeitigen und heftigen Wintereinbruchs war dort noch niemand auf den Einsatz vorbereitet.

Am nächsten Tag war leider wieder Schule, denn zwischenzeitlich waren die Straßen wieder frei - nur nicht die Zufahrt zu unserem Haus im Wald. So blieb mir am Morgen nichts anderes übrig, als im knietiefen Schnee durch den Wald zur Sägemühle zu stampfen, den Ort, an welchem mich immer der Schulbus abholte. Den ganzen Tag über hoffte ich inständig, dass im Laufe des Tages endlich der Schneeräumdienst kommen möge, um mir den Rückmarsch durch den Wald zu ersparen. Mein Hoffen wurde erhört und so konnte mich mein Vater nach der Schule wieder mit dem Auto abholen und nachhause fahren. Die Sonne schien auch wieder zaghaft durch die Wolken und die Welt war wieder in Ordnung.

Leider war es dann mit dem Schnee nach etwa einer Woche auch schon wieder vorbei. Die Tagestemperaturen und selbst die Nachttemperaturen lagen meist über dem Gefrierpunkt, so dass es bei Niederschlag regnete. Wenn die Bewölkung aufklarte, fielen die Temperaturen und wir hatten tagsüber einen herrlich blauen Himmel mit Sonnenschein bei winterlichen Temperaturen, aber wir hatten keinen Schnee. Laut Wetterbericht lag überall in Kanada Schnee, nur hier bei uns im Südteil von Nova Scotia nicht. Weihnachten rückte immer näher und wir mussten uns allmählich Gedanken um unseren Weihnachtsbaum machen.

*Straße nach Bridgewater*

# WEIHNACHTEN IN KANADA

Nach Halloween wurden die Geschäfte umgeräumt und für den Verkauf von Weihnachtsdekorationen hergerichtet. Amerika ist dafür bekannt, dass hierfür ein besonderer Aufwand betrieben wird. Das mit blinkenden Lichterketten geschmückte rotnasige Rentier namens Rudolph und der Weihnachtsmann mit der berühmten roten Zipfelmütze, dem mit dicken Pelzkragen besetzten roten, langen Mantel und den wohlbekannten Stiefeln ist jedermann ein Begriff. In Kanada ist das nicht anders. Alles glitzert und funkelt in kräftigen Farben, begleitet von „Jingel Bell, Jingel Bell" oder „Rudolph, The Red Nose Reindeer" Melodien. Besonders das Funkeln und Glitzern der Weihnachtsbaumkugeln hatte es meiner Mutter angetan und so war es für sie keine Frage, so wollte sie auch unseren kanadischen Weihnachtsbaum schmücken.

Das aber schuf ein Problem, denn jeder von uns hatte insgeheim inzwischen schon eine genaue Vorstellung, wie unser kanadischer Weihnachtsbaum aussehen sollte. Ich wollte unbedingt künstlichen Schnee, Candy Canes, bunte Girlanden und viel Lametta auf dem Baum haben. Meine Mutter bevorzugte glitzernde, rote und goldene Kugeln und mein Vater wollte, dass das Ganze möglichst preisgünstig abläuft und für die Christbaumdekoration wenig Geld ausgeben. Er favorisierte deshalb rote Papierschleifen, im Wald gesammelte Blätter und Tannenzapfen, die man mit Silber- und Gold Spray ja festlich aufpolieren könne.

Wir hatten das Problem zu lösen, alle drei Dekorationswünsche auf dem Baum zu vereinen und die Emotionen, wie nun der Weihnachtsbaum gestaltet werden sollte, kochten schnell gefährlich hoch, denn wir sind eine temperamentvolle Familie. Mein Vater hatte um Ausgleich bemüht und um die aufschäumenden emotionalen Wogen zu glätten, dann den völlig unbrauchbaren Kompromissvorschlag, wir könnten es wie mit der Familienpizza machen, die meine Mutter gelegentlich auf einem großen Backblech im Ofen zubereitet. Denn da können wir uns auch nie über den Belag einigen und deshalb darf jeder sein Drittel der Pizza selbst belegen. So ähnlich könnten wir das ja auch mit dem Weihnachtsbaum machen, meinte mein Vater beschwichtigend. Nur war das natürlich keine Lösung und deshalb wurde der Vorschlag von meiner Mutter und mir als völliger Blödsinn verworfen. Wir konnten uns an diesem Abend über die Christbaumdekoration überhaupt nicht einigen und ehe es völlig zum Familienkrach kam, zogen wir es vor, das Problem zu vertagen. Ohne Beratungsergebnis ging jeder schmollend ins Bett. Doch bevor wir uns über die Christbaumdekoration einig werden mussten, brauchten wir erst einen Baum.

Wir wohnten mitten in einem dichten Wald, überwiegend mit Fichten und Tannen bewachsen. So schien es uns geradezu eine Selbstverständlichkeit zu sein, dass wir uns unseren Weihnachtsbaum mit Beil und Säge beschaffen würden. Als wir dann allerdings in einer Zeitung lasen, dass entsprechend einer Umfrage jeder 12. Deutsche dieses Jahr unter einem „geklauten" Weihnachtsbaum sitzt, beschlichen uns ernste Zweifel an der Richtigkeit unseres Vorhabens.

Lunenburg County, also die Gegend in der wir wohnten, ist das Hauptanbaugebiet für Weihnachtsbäume in Kanada. Die kanadischen Weihnachtsbäume sehen anders aus, als die deutschen. Bis zum Schlagen wird ein kanadischer Weihnachtsbaum etwa 12 Jahre lang gehegt und gepflegt und sorgfältig beschnitten, so dass er ähnlich wie ein Buchsbeerbaum in einem Barock Garten, möglichst dicht und ebenmäßig gewachsen, die Form eines Kegels hat. Anfang Dezember begannen die Weihnachtsbaumhändler ihre Bäume zu verkaufen und wir stellten fest, dass ein Weihnachtsbaum, trotz der jahrelangen fürsorglichen Pflege, in einer Höhe von etwa zwei Meter, so wie wir ihn brauchten, bereits für 20 kanadische Dollar zu haben war. Damit stand unser Entschluss fest: Wir wollten einen richtigen kanadischen Weihnachtsbaum kaufen und nicht wie schäbige Diebe einen Weihnachtsbaum aus dem Wald holen. Wie es sich gehört, erwarben wir unseren Weihnachtsbaum rechtmäßig im Handel, um darunter mit guten Gewissen das Heilige Fest zu feiern. Auch mit der Dekoration fand sich, vielleicht als himmlisches Zeichen unserer rechtzeitigen Besinnung, überraschend eine einfache und erfreuliche Lösung. Jeder von uns hängte an den Weihnachtsbaum, was ihm am besten gefiel. Meine Mutter glitzernde rote und goldene Christbaumkugeln, mein Vater seine silbern und golden besprühten Tannenzapfen und ich meine Candy Canes, goldene Girlanden und Lichterketten mit 300 Glühlämpchen. Und es glich einem Weihnachtswunder! Wir alle waren von unserem Baum begeistert und fanden, nie hatten wir einen schöneren Weihnachtsbaum! Nun fehlte uns zum perfekten Weihnachtsfest nur noch der Schnee. Wir konnten uns kaum vorstellen, ausgerechnet in Kanada am Heiligen Abend ohne Schnee vor dem Weihnachtsbaum zu sitzen, um „Grüne Weihnachten" zu feiern! Leider traf dieses traurige Ereignis ein. An Heilig Abend regnete es in Strömen und es ging ein heftiger Wind. Da wir für Heilig Abend keine Kirche finden konnten, die einen Gottesdienst abhielt, fuhren wir zum Crescent Beach und bestaunten die hohen Wellen.

*Heilig Abend am Crescent Beach*

Am ersten Weihnachtsfeiertag schien die Sonne. Aber der Schnee war nah, das behauptete zumindest der Wetterdienst und er hatte Recht, sehr Recht!

# WINTERSTÜRME

Am 27. Dezember traf uns zum ersten Mal ein so genannter Nor´Eastern. Ein Nor´Eastern ist ein Blizzard, ein Sturm aus dem Nordosten mit sehr viel Schnee. Es wurde plötzlich sehr kalt und wegen des Schnees von gut einem halben Meter Höhe und den vielen noch weit höheren Schneewehen, mussten wir uns wieder vom Schneeräumdienst ausgraben lassen. Leider hatte ich noch Ferien, so dass ich mich nicht über einen extra freien Schultag freuen konnte. Am nächsten Tag war der ganze Spuk schon wieder vorbei und es schien die Sonne. Der Schnee lag zwar noch über eine Woche, aber dann kam erneut eine Warmfront aus dem Süden mit Temperaturen bis +13 Grad Celcius und der Winterzauber war vorbei. Und das in Kanada! Erst Mitte Januar war es dann soweit, dass der Schnee endgültig liegen blieb bei winterlichen Temperaturen.

Eingeleitet wurde das Winterwetter erneut durch einen Blizzard. Über Nacht war plötzlich über 30 cm Schnee gefallen. Wir waren erneut eingeschneit. Die Schule fiel für einen Tag aus, denn dieses Mal war es erfreulicherweise ein Montag. Der nächste Blizzard kam gleich ein paar Tage später, so dass die Schule erneut ausfiel und weil inzwischen so viel Schnee lag, dass auch am nächsten Tag die Straßen für die Schulbusse noch zu glatt waren, hatten wir dank des vielen Schnees in dieser Woche nur zwei Tage Schule gehabt!

Als dann jedoch bereits einige Tage später der dritte Blizzard über uns herein fiel, wurde meinem Vater der Schneeräumdienst allmählich zu teuer!

*Ein Nor´Eastern über dem See*

Mein Vater ist seit Generationen, zumindest väterlicherseits ein astreiner Schwabe. Die Schwaben haben bekanntlich viele gute Eigenschaften, aber die herausstechendsten sind ohne Frage Sparsamkeit und Einfallsreichtum.

Der Blizzard kündigte sich am Morgen durch einen beginnenden Schneefall an. Um den Schneeräumdienst einzusparen, entschloss sich mein Vater, jede Stunde einmal mit dem Auto den Waldweg bis zur Straße vor- und wieder zurückzufahren, um den Weg zu spuren, wie er sagte. Als der Schneefall stärker wurde, kam er auf die Idee unseren Weihnachtsbaum, den wir im Wald deponiert hatten, wieder aus dem Schnee auszugraben und mit einem Seil an der Baumspitze in Fahrtrichtung hinten an unser Auto zu binden. Diesen Einfall fand er grandios, denn so konnte er zugleich mit dem „Spuren" durch den Weihnachtsbaum im Schlepptau auch noch den Weg „freifegen". Leider funktionierte das Fegen mit dem Weihnachtsbaum nicht so gut, wie erhofft und der Schnee auf dem Weg wurde von Fahrt zu Fahrt immer tiefer. Dennoch gab mein

Vater nicht auf und hielt trotzig bis zum Abend durch. Bei der letzten Fahrt kurz vor Dunkelheit passierte dann das Vorhersehbare. Er kam im tiefen Schnee von dem Weg ab und landete mit dem Auto und dem Weihnachtsbaum in einer tiefen Schneewehe. Ein Ausgraben des Autos war wegen des starken Schneefalls und der bereits herein brechenden Nacht nicht mehr möglich. Also musste er das Auto im Graben stehen lassen und kam völlig frustriert zu Fuß nachhause.

Am nächsten Morgen war nicht nur unser Weg sondern auch das Auto völlig eingeschneit. Es blieb uns keine Wahl. Wir mussten erneut den Schneeräumdienst rufen und neben dem Weg auch noch das Auto ausgraben lassen. Und das hat dann nochmals 20 Dollar extra gekostet!

*Auto mit Schneebesen*

Von nun an blieb der Schnee auf dem frostharten Boden liegen, die Temperaturen bewegten sich tagsüber meist um die Null Grad Grenze und nachts hatten wir Frost um minus 10 Grad. Die Sonne schien häufig bei blauem Himmel und bescherte uns ein herrliches Winterwetter. Schnee fiel meist nur als leichte „Flurries", also mäßiges Schneetreiben. Mein Vater hatte zuletzt den Preis für das andauernde Schneeräumen etwas gedrückt und deshalb war das Schneeräumen das letzte Mal auch nicht allzu sorgfältig durchgeführt worden. Die Restschneemenge auf unserem Waldweg stieg daher trotz des geringen Schneefalls zunehmend allmählich in eine besorgniserregende Höhe. Mit der Zeit hatten wir durch das Hin- und Herfahren eine tiefe Spurrinne in den Schnee auf dem Weg gefahren und jeder erneute Schneefall verschärfte die Situation. Wir wussten nie, wenn mich mein Vater morgens zum Schulbus fuhr, ob wir aufgrund des Schneefalls während der Nacht noch durchkommen würden.

Anfang März wurde ein weiterer Blizzard gemeldet. Die Nova Scotianer sagen: „Der März kommt als Löwe und geht als Lamm". Deshalb rechneten wir fest damit, durch den Schnee des gemeldeten Blizzards wieder einzuschneien und uns erneut durch den Schneeräumdienst ausgraben lassen zu müssen. Doch wir hatten Glück. Der Blizzard zog draußen auf dem Meer an uns vorbei nach Norden und lud seine Schneemassen nicht bei uns, sondern weiter nördlich über Cape Breton und Labrador ab.

Wir hatten uns also dieses Mal zwar den Schneeräumdienst gespart, aber wir mussten uns weiter jeden morgen mit dem Auto durch die Spurrinne auf dem Waldweg bis zur Straße hindurchquälen, bis Mitte März ein erneutes Sturmtief kam. Dieses Mal brachte das Tief jedoch Warmluft vom Süden. Es gab keinen Schneesturm, sondern einen warmen, aber kräftigen Sturmregen mit Windgeschwindigkeiten bis 120 Stundenkilometer, der den Schnee auf dem Waldweg über Nacht weitgehend weg schmelzen ließ.

*Winterabschied am LaHave*

# ABSCHIED

Die Kraft des Winters war gebrochen. Ab Mitte März fühlte man den Frühling kommen. Es lag zwar noch Schnee im Wald und der See war weiter unter einer weißen Schneedecke verborgen. Der Wind aber war plötzlich angenehm warm, das Verhalten der Tiere im Wald veränderte sich. Irgendwie war alles auf einmal leichter, unbeschwerter. Unser Eichhorn genoss sichtbar die wärmende Sonne, die auf sein braunes Fell schien und die Vögel fingen morgens wieder zu zwitschern an. Der Wald um uns erwachte zu neuem Leben. Die Enten kamen von ihrer Winterreise zurück geflogen auf den inzwischen aufgetauten See.

Die Nova Scotianer sagen: „Der März kommt als Löwe und geht als Lamm". Der Löwe hatte sich zum Lamm gewandelt! Kein Zweifel, der Winter zog sich zurück, die Natur rüstete sich für einen Neubeginn! Dann ließen sich pünktlich zum 1. April wieder die ersten Chipmunks sehen und schließlich erschienen auch die Racoons aus ihren Winterhöhlen, so dass der gesamte Tierpark wieder versammelt war. Mitte Mai wurden die Bäume allmählich grün, die Mayflowers durchströmten mit ihrem betörenden Duft den Wald und als letztes kamen Anfang Juni die Hummingbirds von ihrer Winterreise zurück. Der Ring der Jahreszeiten hatte sich geschlossen und der Termin unserer Rückreise nach Hause rückte unaufhaltsam näher. Zwar hatte ich kurz vor dem Ende des Schuljahres Anfang Juni noch an zwei Tagen hintereinander unerwartet schulfrei, weil morgens gegen halb sieben eine Krähe in eine Umspannungsstation der Nova Scotia Power Gesellschaft geflogen war und rund um New Germany 5000 Haushalte einschließlich unserer Schule waren plötzlich für 4 Stunden ohne Strom. Am nächsten Tag fiel der Strom um halb acht morgens nochmals aus - erneut war eine Krähe in dasselbe Umspannungswerk geflogen!

Der Schulbus holte mich an diesem Morgen zwar pünktlich ab, wurde dann aber unterwegs während der Fahrt zur Schule über Funk verständigt, dass auch an diesem Tag die Schule ausfallen würde. So kehrte der Bus wieder um und brachte mich nach Hause zurück. Pünktlich vier Stunden später war der Strom wieder da und die Prom die ausgerechnet für diesen Abend geplant war, fand dann schließlich doch noch statt. Aber man fühlte, das Schuljahr neigte sich seinem Ende zu, keiner hatte mehr richtig Lust zur Schule zu gehen und die Lehrer und Schüler freuten sich auf die Ferien. Das bedeutete für mich, endgültig Abschied von meinen Schulfreunden in Kanada nehmen zu müssen, aber ich freute ich mich auch schon wieder auf zu Hause.

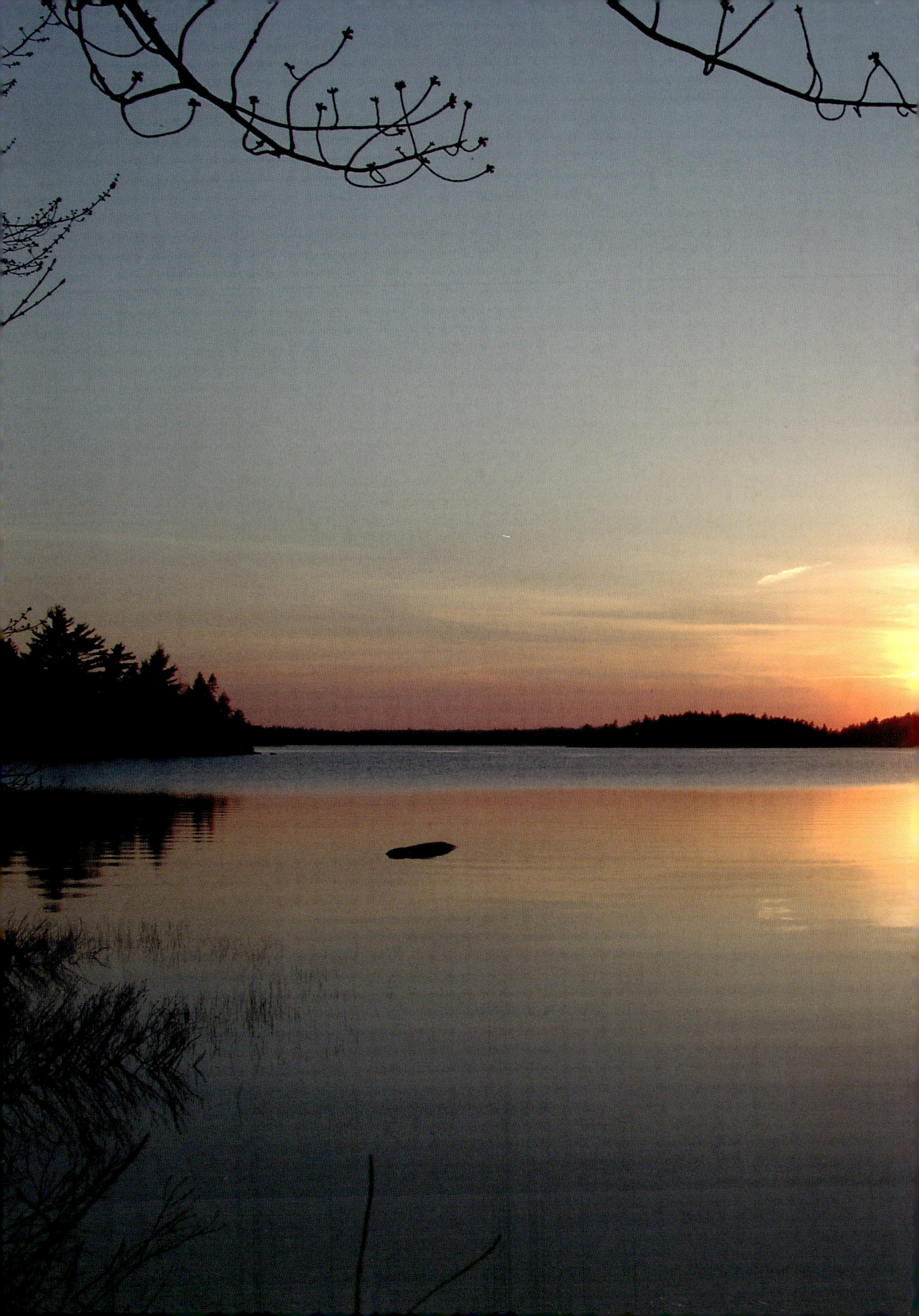

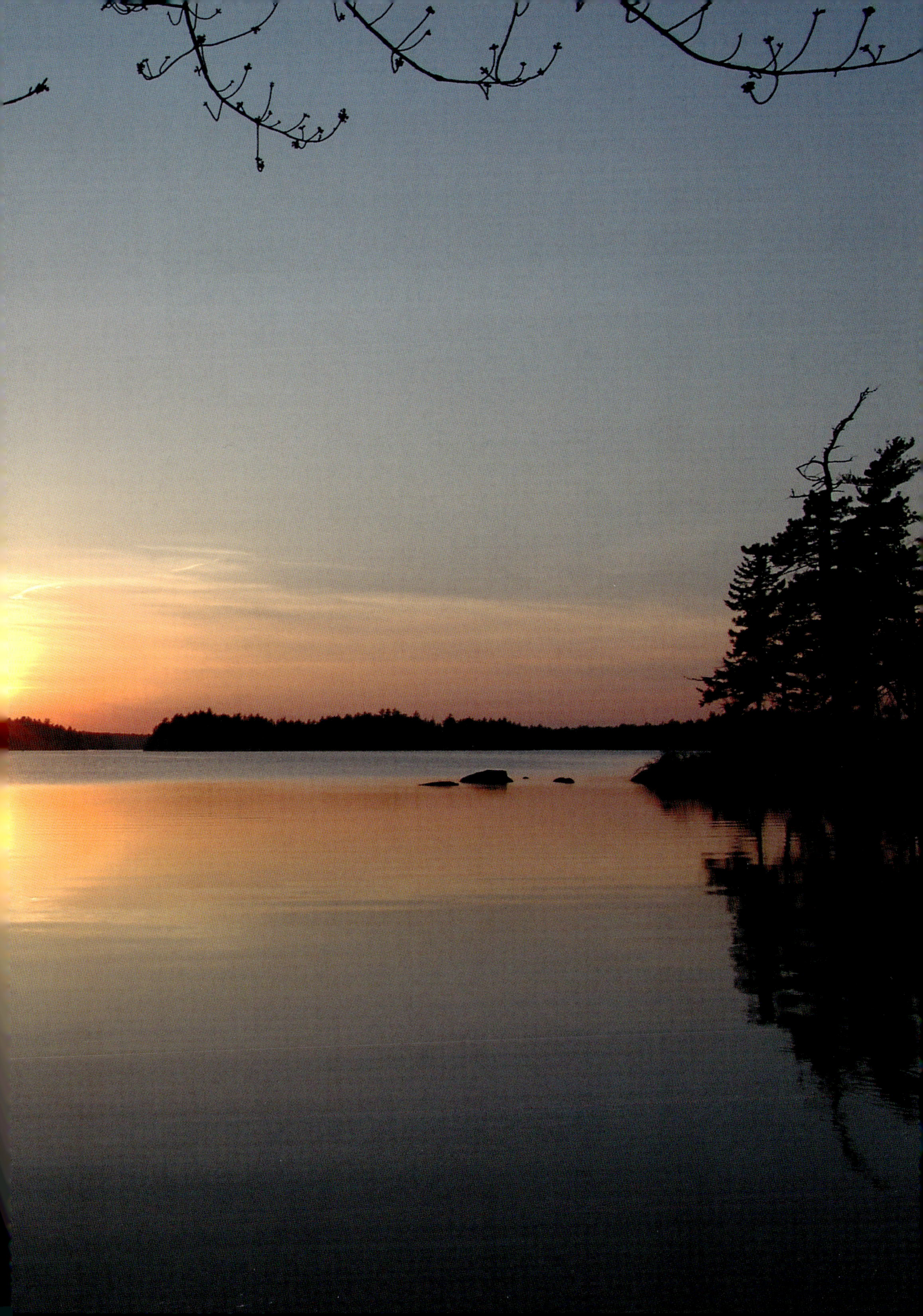

# RÜCKBLICK UND DAS NOVA SCOTIA INTERNATIONAL STUDENT PROGRAM

Das Nova Scotia International Student Program (NSISP), das mich das Schuljahr über begleitet hatte, veranstaltete Mitte Juni eine Grillparty am Rissers Beach als Abschlussfeier. Alle nahmen voneinander Abschied, die „Homestay Parents", die Vertreter des „Nova Scotia International Student Program" und natürlich alle ausländischen Schüler, die am Programm dieses Jahr teilgenommen hatten.

Fast ein Jahr zuvor, Ende September, war ich als Student des Nova Scotia International Student Program zum ersten Mal zu einem so genannten Orientierungstreffen eingeladen worden. Das Treffen fand auf White Point, dem bekanntesten Ferien Ressort von Nova Scotia statt.

Während der zwei Tage traf ich zum ersten Mal die anderen internationalen Schüler, die in diesem Schuljahr die verschiedenen Schulen in Nova Scotia besuchten. Meine Mutter fuhr mich damals zusammen mit zwei anderen Schülerinnen, die in der Nähe von uns bei ihren „Homestay Parents" wohnten, nach White Point. Eine Schülerin kam aus Korea, die andere aus Japan. Ehe meine Mutter die beiden mit dem Auto mitnehmen durfte, musste sie sich zuerst beim Sekretariat meiner Schule melden und sich eine Genehmigung für die Fahrt geben lassen. In White Point angekommen, war die Gesellschaft dann wirklich international. Insgesamt waren wir 19 Schüler viele aus Japan, Korea und Mexiko, aber auch Österreich und ein weiterer Schüler außer mir aus Deutschland waren da. Nach einem Mittagessen waren wir eingehend über das NSISP informiert worden. Besonders eingehend wurden wir auf den Verhaltenskodex hingewiesen, das hieß, dass wir uns ordentlich verhalten sollten, während unseres Aufenthaltes in Nova Scotia. Abends machten wir am Strand ein Lagerfeuer und hatten viel Spaß. Müde ging es erst spät zur Nacht in die Betten der Bungalows am Strand.

Am nächsten Tag hieß es dann schon wieder die Taschen zur Heimreise packen und nach einem ordentlichen Mittagessen holte uns zur Rückfahrt wieder meine Mutter ab. Das hat mir zwar nicht so richtig gepasst, aber über die Nerven tötende Fürsorge meiner Eltern konnte ich mich ja schlecht beschweren.

Da hatten es die anderen Schüler besser. Wenn denen an ihren „Homestay Parents" etwas nicht gepasst hat, konnten sie sich jederzeit bei den so genannten „Homestay Coordinatoren" oder bei dem Direktor des NSISP beschweren. Übrigens, während der ganzen Zeit wurde streng darauf geachtet, dass alle nur Englisch sprachen. Das galt besonders für die Schüler, die aus dem gleichen Land kamen. Während des Schuljahres fanden noch zahlreiche weitere Veranstaltungen des NSISP statt.

Eine Herbst-Veranstaltung wurde organisiert mit einem mehrtägigen Aufenthalt in Toronto und eine Frühlings-Veranstaltung mit einer mehrtägigen Fahrt nach Montreal und Quebec. Kleinere, so genannte „Social Events", wie ein Ausflug nach Coffin Island mit einer Inselwanderung, ein Grillfest im Herbst bei einer der kanadischen „Homestay Parents", ein Ausflug nach Liverpool zum Schlittschuh laufen, ein Tagesausflug zum Ski fahren in Wentworth, sowie Bowling in Bridgewater und zum Abschluss ein Besuch im Fisheries Museum of The Atlantic in Lunenburg, standen ebenfalls auf dem Programm. Selbstverständlich wurde natürlich auch eine Weihnachtsfeier mit Truthahn essen in der Gemeindehalle neben einer der drei bekannten Kirchen von Mahone Bay veranstaltet. Ich hatte mich zum Essen nicht an den Tisch meiner Eltern gesetzt, um sie als einziger meiner Schulkameraden nicht immer im Schlepptau zu haben. Unerwartet nahm plötzlich zu meinem großen Schreck der Pfarrer der Gemeinde neben mir Platz und ich musste ihm den ganzen Abend über Deutschland berichten. Da hätte ich auch bei meinen Eltern sitzen bleiben können!

Das Jahr in Kanada war zu Ende. Ich hatte neue Freunde gewonnen in einem für mich jetzt nicht mehr unbekannten Land. Ich hatte eine fremde Sprache gelernt und Zugang zum Leben in einem anderen Kulturkreis gefunden.

Ich bin jetzt wieder zuhause in Deutschland, aber im Wesentlichen ist es auch nicht anders, als säße ich noch immer im kanadischen Wald, denn wenn ich mich jetzt in Deutschland mit meinen kanadischen Freunden über Internet im Chatraum unterhalte, sehe ich sie vor mir, denn ich habe sie ja persönlich kennen gelernt. Leider wurde in meiner Schule kein Deutsch unterrichtet. Das ist bedauerlich, denn meine kanadischen Freunde sollten eigentlich auch einmal ein Jahr an einer deutschen Schule verbringen, um das Leben in Deutschland besser kennen und verstehen zu lernen.

Dies nennt man dann wohl: „International Understanding".

# ANHANG: PRAKTISCHE HINWEISE

## Allgemeine Medizinische Reisevorbereitung

Vor jeder Auslandsreise sollte der Impfschutz zusammen mit einem Arzt überprüft und mit einem reisemedizinisch erfahrenen Apotheker eine Reiseapotheke zusammengestellt werden. Um fehlende Impfungen oder Auffrischimpfungen unter Beachtung eventueller Voruntersuchungen oder Zeitabstände korrekt durchführen zu können, muss der Arzt spätestens 2 bis 3 Monate vor Reiseantritt aufgesucht werden. Ist die Einhaltung dieser Zeitfrist nicht mehr möglich, ist das jedoch kein Grund, die Impfberatung und Impfung zu unterlassen. Auch kurz vor einer Reise können noch bestimmte Impfungen durch ein verkürztes Impfschema oder wenigstens durch eine Teilimpfung durchgeführt werden. Gegen manche Infektionserkrankungen ist eventuell noch eine so genannte „passive Impfung" möglich. Zumindest ist es sinnvoll, noch eine Beratung für den Notfall durchzuführen. Für Kanada ist kein besonderer Impfschutz erforderlich, dennoch sollte der allgemeine Impfschutz gewährleistet sein.

**Das heißt, man sollte seinen Impfstatus für:**
- Tetanus (Wundstarrkrampf)
- Diphterie
- Poliomyelits (Kinderlähmung)
- Hepatits A u B (Leberentzündung)
- Bei Personen über 60 Jahre Pneumokokken (Lungenentzündung durch Pneumokken-Bakterien)

überprüfen lassen, vor allem, wenn die letzte Impfung länger als 10 Jahre zurück liegt. Kanada ist ein Land mit hohem Leistungsstandart in der Medizin. Natürlich besteht wie überall ein Leistungsgefälle zwischen Großstädten und abgelegenen ländlichen Regionen.

## Medikamente und Reiseapotheke

Es ist zu empfehlen, sich seine vertrauten Medikamente aus Deutschland mit zu nehmen. Bei kürzeren Aufenthalten sollte man die erforderlichen, regelmäßig benötigten Dauermedikamente im Handgepäck mit sich führen. Die Menge der Medikamente darf nicht zu knapp bemessen sein wegen Verlust oder Abreiseverzögerungen. Bei längeren Aufenthalten, sollte die Medikamentenmenge für mindestens vier Wochen im Handgepäck mitgeführt werden, denn es dauert gut 4 Wochen bis nachgesandte Medikamente auf dem Postweg durch den Zoll den Empfänger in Kanada erreichen, vorausgesetzt der Absender in Deutschland ist eine Apotheke und die Medikamente sind entsprechend deklariert. Ist der Absender eine Privatperson, kann die Sendung auch acht Wochen und länger dauern.

Braucht man in Kanada ein Medikament, für das ein ärztliches Rezept erforderlich ist, bezahlt man Gebühren beim „Family Doctor". Ohne Überweisung direkt zu einem Facharzt zu gehen, ist nicht möglich. Es ist auch zu beachten, dass man nur in einer Notfallsituation kurzfristig einen Arzttermin erhält.

Werden vom Arzt Voruntersuchungen zur Rechtfertigung des erwünschten Rezeptes für erforderlich gehalten, fallen weitere die Kosten an. Medikamente für Bagatellbeschwerden kann man im Drugstore kaufen. Zwar gibt es auch dort in der Regel einen „Phamacist", also einen ausgebildeten Apotheker. Aber wegen der Haftpflichtsituation wird der Pharmacist mit der Empfehlung eines Medikamentes sehr zurückhaltend sein. So ist es ratsam, sich für Notfälle mit einer Reiseapotheke auszustatten. Von der pharmazeutischen Industrie werden standardisierte Reiseapotheken angeboten. Man unterscheidet so genannte Große und Kleine

Reiseapotheken. Für Kanada erscheint die Kleine Reisapotheke ausreichend. Die Kleine Reiseapotheke enthält Schmerzmittel, Medikamente gegen Erkältung und fieberhafte Infekte, gegen Husten und Erkältungskrankheiten, Magenbeschwerden und Durchfälle, sowie Hautdesinfektionsmittel und Verbandstoffe für kleine Verletzungen.

Grundsätzlich gilt natürlich im Ausland, wie zuhause, dass man im Zweifelsfall lieber einen ortsansässigen Arzt aufsuchen sollte, als gerade in fremder Umgebung ein gesundheitliches Risiko einzugehen.

## Das West-Nil-Fieber

Das West-Nil-Fieber ist eine Grippe ähnliche Viruserkrankung. Das Virus wurde erstmals 1937 im West Nil-Distrikt in Uganda/Afrika isoliert und wird durch den Stich einer bestimmten Stechmücke übertragen, einer Stechmücke aus der Gattung Culex, also nicht durch jede beliebige Stechmücke.

1999 kam es zum ersten Mal zu einer Erkrankungsepidemie an der Ostküste der USA. In der Folge wurde die Infektionserkrankung durch Vögel innerhalb kurzer Zeit über den gesamten nordamerikanischen Kontinent ausgebreitet. Die Infektion tritt in Kanada aufgrund der klimatischen Verhältnisse nur zwischen Juli und Oktober auf. Die Infektion wird zu 80 % kaum bemerkt, da in diesen Fällen kaum Beschwerden und vor allem keine bleibenden Schäden auftreten.

Wenn jedoch hohes Fieber, Muskelschmerzen, Gelenkschmerzen und Übelkeits-Beschwerden auftreten, eventuell mit einem Hautausschlag, sollte ein Arzt aufgesucht werden. Leider gibt es bis jetzt noch keinen Impfschutz gegen das West-Nil-Fieber. Der beste Schutz ist aus diesem Grund vor allem eine richtige Verhaltensweise und Schutzmaßnahmen. Eine helle, den Körper bedeckende Kleidung gibt den besten Schutz gegen Mückenstiche. Wenn Stechmücken unterwegs sind, kann man die freie Haut mit einem so genannten „Repellent", also einer Hautcreme oder einem Hautspray gegen Mücken schützen. Besonders bekannt in Kanada ist hierfür das „Deep Woods Off" Spray, das in jedem Drugstore zu erhalten ist.

## Sonnenschutz

Neben der Vorsorge gegen Mückenstiche darf auf keinen Fall der Sonnenschutz vernachlässigt werden. In Nova Scotia weht häufig ein kühler Wind bei meist angenehmen Temperaturen. Nova Scotia liegt jedoch auf den gleichen Breitengraden wie Norditalien. Sonnenschutz ist wichtig.

Hierzu einige Informationen:

Ohne Sonnenschutz kann ein hellhäutiger, rotblonder Mensch in Nova Scotia im Juni/Juli bereits nach knapp 10 Minuten Sonnenbestrahlung einen Sonnenbrand bekommen. Nach etwa 30 Minuten Sonneneinstrahlung besteht die Gefahr eines Sonnenbrands bei fast jedem europäischen Hauttyp. Ein zweimaliger schwerer Sonnenbrand (intensive, schmerzhafte Hautrötung oder gar Blasenbildung der Haut) bei einem Kind verdoppelt die Wahrscheinlichkeit, dass das Kind im Laufe seines Lebens einen Hautkrebs (Melanom) erleidet. Mehr als zwei solcher Sonnenbrände während der Kindheit verzehnfachen bereits die Wahrscheinlichkeit einer Hautkrebserkrankung im Laufe des Lebens!

Auch hier gilt, dass eine geeignete Kopfbedeckung und Körperkleidung der beste Sonnenschutz ist. Nicht jeder Stoff schützt jedoch im selben Maß.

Es gibt eine einfache Möglichkeit, den Sonnenschutz bei einem Kleidungsstück zu prüfen:
Man hält die Hand zwischen ein Kleidungsstück und eine Tischlampe. Sieht man durch das Kleidungsstück keine Konturen der Hand mehr, so ist der Lichtschutzfaktor 15 bis 50 und das Kleidungsstück ist als Sonnenschutz geeignet. Eine Sonnenschutzcreme sollte ebenfalls mindestens den Lichtschutzfaktor 15 bis 20 besitzen, denn dann wird bereits mehr als 92 % des UV Lichts absorbiert. Eine Sonnenschutzcreme, Gel, Emulsion oder Öl mit einem höheren, aber meist teueren Lichtschutzfaktor bringt relativ wenig mehr Sicherheit, da die UV Absorptionskurve bei höheren Lichtschutzfaktoren nur noch mäßig ansteigt. Zum Beispiel steigt bei Lichtschutzfaktor 50 die UV Lichtabsorption auf 98 % und bei Lichtschutzfaktor 100 auf 99 %. Der Hautschutz ist besser gewährleistet, wenn eine Sonnenschutzcreme mit einem Lichtschutzfaktor von 15-20 dick und häufig auf die Haut aufgetragen wird, als wenn bei einer Hautschutzcreme mit höherem Lichtschutzfaktor bei der Menge und der Häufigkeit der Anwendung gespart wird. Man sollte auch die Sonnenschutzcreme vom letzten Jahr als Sonnenschutzcreme nicht mehr benützen, da die Lichtschutzabsorber in der Creme nicht sehr beständig sind.

## Auslands-Versicherungsschutz und Notfalladressen

Für die Reise sind eine umfassende Auslandsversicherung und besonders eine Reise - Rückholversicherung sehr wichtig, denn zunächst sind alle Arztrechnungen privat zu begleichen. Ob die heimische Krankenkasse dann die Kosten übernimmt, sollte vor Antritt der Reise mit der Krankenkasse abgeklärt werden. Das gilt auch für junge Reisende, die sich gesund und topfit fühlen und nicht im Entferntesten an eine Erkrankung im Ausland denken. Meist ist nämlich nicht eine plötzliche Krankheit im Reiseland der häufigste Grund für eine dringend notwendige notfallärztliche Behandlung, sondern ein Unfall. Unfälle im Reiseland erleiden junge Menschen häufiger als ältere Menschen beispielsweise durch sportliche Aktivitäten und durch eine erhöhte Risikobereitschaft.

Für ganz dringende Fälle gibt es eine „Hotline", wobei man jedoch vor Antritt der Reise die so genannte „Medical Helpline Card" erworben haben sollte. Die „MHW AG International Medical Services" ist eine reisemedizinische Notrufzentrale in München, die nach langjähriger Erfahrung in der Reise-Notfallmedizin 1996 gegründet wurde.

Als einzige Notrufzentrale in Europa bietet die HMW den Service, dass ausschließlich Ärzte und Ärztinnen den Notruf in Empfang nehmen. Die Notrufzentrale ist täglich rund um die Uhr besetzt. Die Ärzte sprechen mindestens 3 Fremdsprachen fließend und verfügen über eine langjährige Erfahrung in der Reise- und Transportmedizin, sowie über allgemeinmedizinische und fachspezifische Kenntnisse.

Weitere Leistungspakete werden angeboten und sind unter der Adresse zu erfragen:

MHW AG
Card Service
Drygalski-Allee 33d
81477 München

**Weitere wichtige Adressen für den Notfall sind:**

Das **Deutsche Auswärtige Amt** unter www.auswaertiges-amt.de

Hier erfährt man die Adressen der Deutschen Vertretungen im Ausland, wie zum Beispiel:
- Die Botschaft der Bundesrepublik Deutschland in Ottawa
- Die Generalkonsulate in den einzelnen Provinzen Kanadas
  Zum Beispiel von Halifax, Nova Scotia:
  Honorarkonsul in Halifax, Mr. Anthony L. Chapman,
  Email: achapman@coxhanson.ca.

Bei schwierigen Problemen und nicht ausreichenden Englisch Kenntnissen empfiehlt sich ein Dolmetscher.

Internationale Studenten als Mitglieder des Nova Scotia International Student Program, sind während der Schulzeit versichert gegen Unfallfolgen sowie gegen Zahn- und allgemeine Notfallerkrankungen. Genauere Auskünfte erteilt das NSISP unter: www.nsisp.ednet.ns.ca.

### Anreisetipps für Nova Scotia

Meist wird man mit dem Flugzeug anreisen. Will man jedoch von den USA aus mit der Fähre nach Nova Scotia übersetzen, dann gibt es folgende Möglichkeiten:

**Autofähren nach Nova Scotia**

Es gibt zwei Autofähren vom US Festland nach Nova Scotia, nämlich
- von Portland/Maine nach Yarmouth, Nova Scotia
- und von Bar Harbor/Maine nach Yarmouth, Nova Scotia

**Und eine Autofähre:**
- von Staint John, New Brunswick/ Canada nach Digby, Nova Scotia.

Für alle Fähren sind Reservierungen zu empfehlen, besonders während der Ferienzeit.

### Die Fähre von Portland/Maine nach Yarmouth/ Nova Scotia

Die „Scotia Prince" wurde zwischen 2003 und 2004 generalüberholt und ist ein Schiff der Luxuskasse, ein Schiff, das wie für eine Kreuzfahrt ausgestattet ist. Auf dem Schiff gibt es alles: Geschäfte, Restaurants, Bars, ein „Las Vegas Style" Spielkasino mit Spieltischen und „Einarmigen Banditen", Shows, Beauty- und Massage Saloons, Frisör, Maniküre und Pediküre, Fitness Räume, eine Beobachtungsstation für Wale und Seehunde und noch vieles mehr. Es gibt eine ärztliche Versorgung, einen Helikopter-Landeplatz und die Mannschaft, bestehend aus drei duzend Nationalitäten, ist in der Lage in dreißig verschiedenen Sprachen, sich um die Passagiere zu kümmern.

Für die Fahrt von Portland nach Yarmouth oder zurück wird jeweils eine Nacht (Hinfahrt) oder ein Tag (Rückfahrt) benötigt. Die Abfahrt in Portland ist um 8 Uhr abends und man kommt am frühen Morgen nach Sonnenaufgang in Yarmouth an. Die Fahrt von Yarmouth nach Portland beginnt um 8 Uhr in der Frühe und am Abend ist man in Portland. Für den Luxus sind die Preise moderat.

Es gibt selbstverständlich Passagierkabinen in allen Preisklassen und Mehr-Tages-Arrangements, über die man sich jedoch im Einzelnen unter www.scotiaprince.com informieren sollte.

### Die Schnell-Fähre von Bar Harbor/Maine nach Yarmouth/Nova Scotia

Während die „Scotia Prince" als konservatives Linienschiff auf Luxus setzt, ist die Schnellfähre „Cat" mit ihrem futuristischen Design auf Schnelligkeit ausgelegt. Die „Cat" ist die schnellste Autofähre in ganz Nordamerika. Dennoch gibt es auch auf der „Cat" Restaurants, Geschäfte und ein Spielkasino.

Die Überfahrt dauert nur zwei Stunden und 45 Minuten und ist vor allem Passagieren zu empfehlen, die es eilig haben oder Passagieren, die unter Seekrankheit leiden, denn neben der Kürze der Fahrt, ist die „Cat" aufgrund ihrer Konstruktion in der Lage, besonders ruhig über die Wellen zu gleiten.

Weitergehende Informationen und Reservierung unter: www.nfl-bay.com

### Die Fähre zwischen Saint John/New Brunswick und Digby/Nova Scotia

Die Zeitersparnis im Vergleich zum Landweg wird mit sieben Stunden angegeben. Die Überfahrt dauert ungefähr 3 Stunden und findet dreimal täglich statt, an Sonntagen zweimal täglich. Das Schiff besitzt eine Cafeteria.

Genauere Informationen sind ebenfalls über: www.nfl-bay.com zu erfahren.

## Auto- Motorrad- und Mobilhome Vermietung

Die Autovermietung in Kanada ist unproblematisch, vorausgesetzt man besitzt einen gültigen EU-Führerschein und eine Kreditkate (am besten Visa oder Master Card).

Zur Planung der Reiseroute ist der „AAA Autoatlas" empfehlenswert, den es inzwischen in vielfältigen Varianten in allen größeren Einkaufszentren gibt. Dieser Atlas bietet Vorteile. Neben den Entfernungen gibt er die hierfür benötigten Fahrzeiten zuverlässig an. Das ist in Kanada und den USA besonders hilfreich. Man verschätzt sich leicht aufgrund der großen Entfernungen und der Geschwindigkeitsbegrenzungen in der erforderlichen Fahrzeit.

Es ist sinnvoll bei der Vermietungsgesellschaft zu fragen, ob es Probleme gibt, wenn man mit dem Mietwagen die Provinz verlassen will, besonders wenn man beabsichtigt, in die nördlichen Territorien Kanadas oder in die USA einzureisen. Auch sollte man sich erkundigen, ob man ungepflasterte Straßen („unpaved routes") befahren darf, ohne den Versicherungsschutz zu gefährden. Zweitfahrer kosten meist zusätzlich, doch es gibt Unterschiede zwischen den verschiedenen Gesellschaften.

Die Anmietung von einem Motorrad ist kaum möglich, wegen der extrem hohen Versicherungsprämien.

Ein Campmobil oder ein Motorhome kann man problemlos, am besten von Deutschland aus, mieten. Es ist besonders empfehlenswert, sich das Fahrzeug und vor allem die Bedienung von Propan Tank, der Stromversorgung, dem Kühlschrank, dem Herd und Mikrowellenherd, der Heizung und der Wasserversorgung und das „Dumping" genau erklären zu lassen. Auch ist es wichtig, die geplante Reiseroute mit dem Vermieter zu besprechen. Bereits eine Fahrt von Nova Scotia nach Neufundland kostet einen Aufpreis und hat man dafür keine vorherige Legitimation vom Vermieter, verliert man seinen Versicherungsschutz! Weiter ist es wichtig, großzügig die voraussichtliche Kilometerzahl der Reiseroute zu errechnen. Es gibt für die Campmobile verschiede Tarife mit Kilometerbegrenzung. Bei falscher Tarifwahl wird jeder mehr gefahrene Kilometer teuer. Plant man einen Urlaub im Campmobil, wird man von den meisten Vermietern vom Flughafen Halifax abgeholt und später auch wieder zurück gebracht.

## Hotels und Ferienhäuser

Besonders während der Ferienzeit ist eine vorherige Hotel-Buchung dringend zu empfehlen, um nicht viel Zeit mit der Hotelsuche zu verschwenden. Die Schulferien beginnen in Kanada und den USA meist Mitte Juni und enden nach dem Labor Day Anfang September.

Es gibt in Nova Scotia keinen Ort, der weiter als 56 km vom Meer entfernt ist. Alle im Buch beschriebenen Strände zwischen Halifax im Nord-Osten und Liverpool im Süd-Westen liegen innerhalb eines Radius von maximal einer Autostunde von Bridgewater entfernt und sind über den Highway 103 bequem zu erreichen. Die Fahrt auf die gegenüber liegende Seite der Halbinsel zur Fundy Bay beträgt mit dem Auto maximal eineinhalb Stunden. Aus diesem Grund ist es empfehlenswert, sich zentral, etwa in der Nähe von Bridgewater ein Ferienhaus zu mieten, um von dort aus in bequemen Tagesausflügen die Sehenswürdigkeiten zu erkunden.

Die deutschstämmige Firma M&F Händel Development Ltd.* bietet Grundstücke zum Verkauf an, auf Wunsch bebaut mit Häusern im europäischen Standard, die als Ferienhäuser vermietet werden. Alle Häuser liegen in einer waldreichen Region an Binnenseen in der Nähe um Bridgewater und besitzen einen direkten Zugang zum See mit einem eigenen Bootsteg und Kanu. Die Firma kümmert sich um die Vermietung, Verwaltung und Pflege der Häuser. Die Möblierung der Häuser ist komfortabel, alle haben eine Terrasse mit Seeblick, ausgestattet mit Gartenmöbeln und Außengrill.

Weitere Freizeit - Aktivitäten werden angeboten, wie Bootsfahrten auf dem Atlantik, Walbeobachtungsfahrten, Kanufahrten, Angeln, Schwimmen, Golf, Reiten und Radtouren. Es erfolgt eine deutschsprachige Einweisung in das Haus und in die Umgebung.

* nähere Einzelheiten von Deutschland über Tel: 001-902-677-2248 oder Fax: 001-902- 677- 2113.
E-mail: mfhandel@lvp.eastlink.ca.

## Kommunikation

Ein Handy, in Kanada und den USA „cell-phone" genannt, werden die meisten Reisenden mit sich führen. Nicht jedes Handy funktioniert jedoch in Kanada und ein Handy, das in Halifax oder in einer größeren Stadt problemlos funktioniert, hat oft stadtfern keinen sicheren Empfang, da eine vollständige Flächendeckung für den Empfang bis jetzt nicht überall gewährleistet ist. Technisch ist für das Telefonieren in Nordamerika (Kanada) mindestens ein Handy mit 3-Band erforderlich. Die „Bänder" sind Frequenzbereiche, wobei die ersten beiden Bänder Europäischen Frequenzbereichen entsprechen, das dritte Band Nordamerikanischen, also auch Kanadischen Frequenzbereichen und das 4. Band Mittel- und Südamerikanischen Frequenzbereichen.

Als weitere Voraussetzung für ein Telefonieren in Kanada mit einem Handy aus Europa ist, dass der Provider, bei welchem das Telefon angemeldet ist, ein Telefonieren International unterstützt, ein sogenanntes „International Roaming". Dies muss bei dem jeweiligen Betreiber erfragt werden.
Zum dritten ist allgemein zu sagen, dass die Provider ein Telefonieren z.B. in Kanada meist nur im Rahmen eines speziellen Betreuungsvertrages unterstützen. Die Telefonkosten zwischen Europa und Nordamerika sollten vor Antritt der Reise mit dem Provider besprochen werden, da die Preisangebote der Provider sehr unterschiedlich sind und die Tarife sehr schnell und häufig wechseln.

## Festivals und Events

Die Einwohner von Nova Scotia sind bekannt, gern Feste zu feiern. Besonders während der Sommermonate von Juli bis August werden selbst in den kleinsten Gemeinden unter Teilnahme nahezu aller Bewohner zahlreiche Festlichkeiten begangen. Der Fantasie, einen Grund für diese Feste zu nennen, sind keine Grenzen gesetzt. Fremde werden offenherzig in die Gemeinschaft aufgenommen und zur zwanglosen Teilnahme ermutigt.

**1. Juli Canada Day: Nationalfeiertag mit Festlichkeiten in fast jeder Gemeinde.**

**Weitere Festlichkeiten im Juli:**
- Privateer Days in Liverpool
- Ceilidh on the Cove in Hubbards
- Jazz Festival in Shelburne
- Lunenburg Craft Festival in Lunenburg
- South Shore Exhibition in Bridgewater
- Wooden Boat Festival in Mahone Bay

**Festlichkeiten im August:**
- Nova Scotia Folk Art Festival in Lunenburg
- Celebration of Acadians in West Pubnico
- Hubbards Cove Days in Hubbard
- Folk Harbour Festival in Lunenburg
- Chester Race Week in Chester
- LaHafe River Valley Festival in LaHave River Valley
- Queen´s County Sea Fest in Brooklyn

**Weitere Feste bis November:**
- **Oktober:** The Great Scarecrow Festival in Mahone Bay
- **November:** Christmas Craft Extravaganza in White Point Beach
- Once Upon a Lunenburg Christmas in Lunenburg

Dies ist nur eine kleine Auswahl der Top - Ereignisse der zahlreichen Festlichkeiten an der South Shore. Weiter Informationen sind erhältlich über www.ssta.com.

## Wetterdaten

WMO Standartwerte für Temperatur und Niederschläge gemessen in Bridgewater Nova Scotia und ermittelt über den Zeitraum von 1971 bis 2000.

Quelle: *www.climate.waeatheroffice.ec.gc.ca/climate_normals/results_e.html*

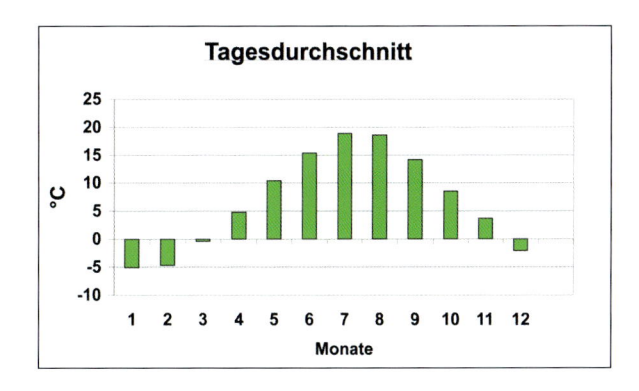

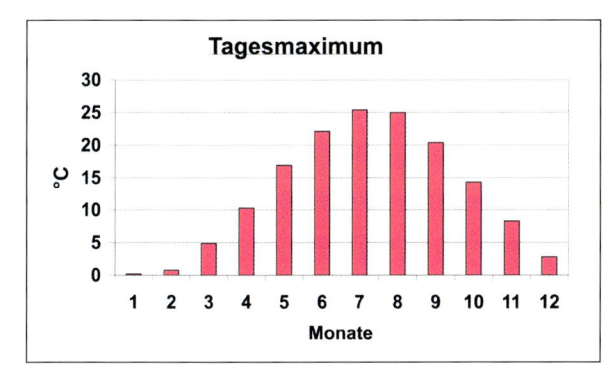

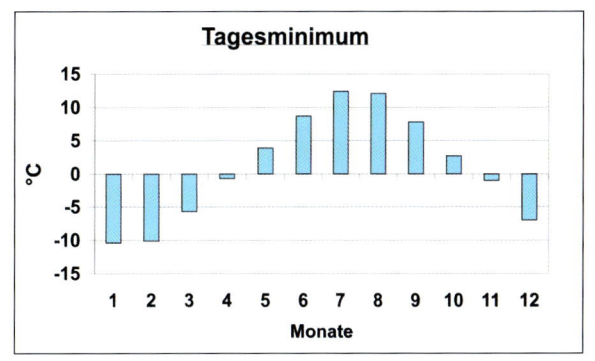

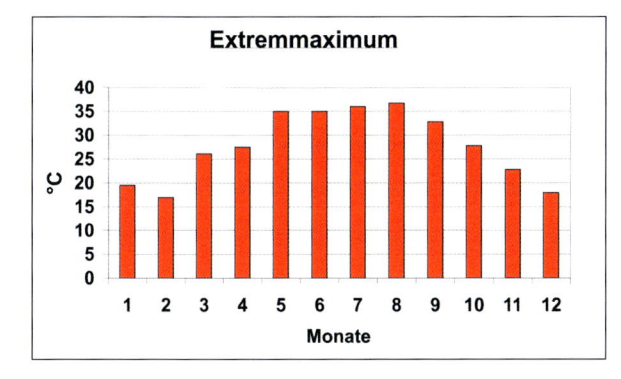

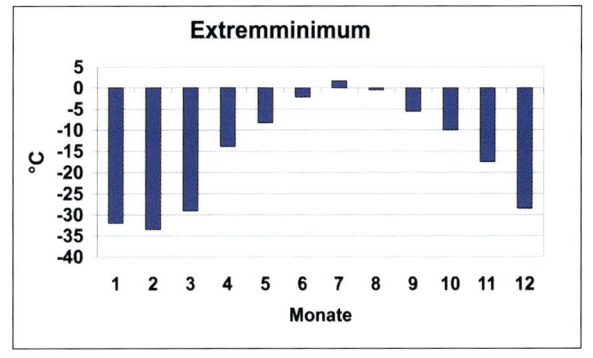

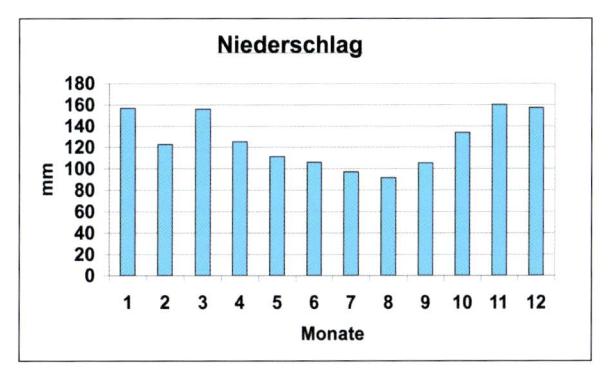

## Nova Scotia International Student Programm (NSISP)

Seit 1997 besteht das Nova Scotia International Student Program (NSISP) ein Joint Venture zwischen den regionalen Schulbehörden und dem „Department of Education".

Ziel dieses Programms ist es, den Internationalen Schüler während der Zeit des Aufenthaltes in Nova Scotia in die Gastfamilien und in die Schulen aufzunehmen, zu integrieren und für die Ausbildung und Betreuung zu sorgen. Angestrebt wird nicht nur den Internationalen Schülern die englische Sprache und Schulkenntnisse zu vermitteln, sondern sie auch in die Kultur und in die soziale Integration, in das Land, die Schule und die Gastfamilien während des Studienaufenthaltes durch zahlreiche Aktivitäten einzuführen. Hierzu gehören neben regelmäßigen Treffen der internationalen Schüler aller Schulen der Region, das Anbieten zahlreicher Aktivitäten, wie Kunst und Musik und besonders auch Sport und zahlreiche Freizeitaktivitäten. Die Schüler sind in ausgesuchten Gastfamilien, so genannten „Homestay Parents" oder „Host Families" untergebracht. „Homestay Coordinatoren" sind übergeordnete Ansprechpartner der Schüler und der Gasteltern und arbeiten eng zusammen mit dem Direktor der regionalen Schulbehörde. Sämtliche regionale Schulbehörden von Nova Scotia unterstehen dem „Departement of Education" von Nova Scotia. Das „Department of Education" von Nova Scotia sorgt für einen einheitlichen Lehrplan aller regionalen Schulen und somit für eine weitgehend koordinierte Schulausbildung.

Jeder Internationale Student erhält vom NSISP ein Handbuch mit einem Verhaltenskodex. Auftretende Probleme vonseiten der Schüler aber auch vonseiten der Gasteltern werden zunächst von den „Homestay Coordinatoren" zu lösen versucht. In schwerwiegenden Fällen wird der Direktor der regionalen Schulbehörde eingeschaltet. Dem Verhaltenscodex unterliegen sowohl die Schüler als auch die Gasteltern. Vergehen gegen den Verhaltenscodex werden vor dem Regional Direktor behandelt. Besuche der Eltern nach einer gewissen Zeit der Eingewöhnung der Internationalen Schüler in ihre Gastfamilien werden vom NSISP befürwortet und unterstützt, so dass sich die Eltern der Schüler auch von der Unterbringung und Betreuung ihrer Kinder ein eigenes Urteil bilden können.

**Verhaltenscodex für Schüler:**

- Nehme regelmäßig am Schulunterricht teil und erledige Deine Hausaufgaben vollständig. Lehrer und Gasteltern sind da, um Dir bei Bedarf zu helfen.

- Fahre kein Auto. Studenten dürfen keine Fahrschule besuchen oder den Führerschein machen.

- Trinke keine alkoholischen Getränke. Studenten dürfen keine illegalen Drogen einnehmen oder besitzen.

- Internationale Studenten dürfen in Kanada keiner Erwerbstätigkeit nachgehen. Wenn jedoch in der Gastfamilie Kinder sind, darf der Internationale Student gegen Geld Babysitten.

- Befolge die Regeln Deiner Gasteltern. Behandle Deine Gasteltern mit Respekt.

- Befolge die Gesetze Kanadas. Streng verboten sind der Gebrauch und der Besitz von Alkohol und illegalen Drogen.

- Befolge die Schulregeln. Die Schulregeln beinhalten den regelmäßigen Schulbesuch, kein Zu-Spät-Kommen und ein angemessenes Verhalten.

- Befolge die Reiseregeln. Reisen außerhalb der Provinz erfordern ein Schreiben in Englisch von Deinen Eltern, die Dir die Reise erlauben.

Anmeldeverfahren und weitere Informationen für Internationale Studenten über das NSISP über www.nsisp.ednet.ns.ca.

**Literaturverzeichniss**

1. History of the Mi´kmaw Nation, Lighthouse Magacine 2004
2. 2004 DOERS´ & DREMERS´ Guide, Department of Tourism, Culture and Heritage, Halifax
3. Port-Royal, National Historic Site of Canada, Annapolis Royal, Nova Scotia
4. National Parks and National Historic Sites of Canada, Department of Tourism & Culture, Halifax
5. Reisemedizinisches Handbuch 2002/1, GFI GmbH, Vertrieb Deutschland, Duisburg
6. Fortress of Louisbourg, National Historic Site of Canada, Louisbourg
7. Halifax Citadel, National Site of Canada, Halifax
8. Kanada. www.uni-protikolle.de/Lexikon/Kanada.html
9. Fundy Geologie, http://museum.gov.ns.ca/
10. George Furguson, Bay of Fundy, http.//207.179.130.58/tides.asp
11. Brian Rau, Burncoat Head Tides, The Halifax Chronicle-Herald 9 June, 1998
12. History, www.lanesprivateerinn.com/offer.subphp?id=19
13. White Point Beach Resort – About Whitepoint, www.whitepoint.com/about.html
14. Nova Scotia´s South Shore, www.takehersailing.com/articles/Nova_Scotia_South_Shore.htm
15. Canadian Climate Normals 1971-2000, www.climate.weatheroffice/climateData/ca
16. Halloween-History and Traditions of the Holiday, http://wilstar.com/holidays/hallown2.htm
17. Dr. Roy Bishop, The Bay of Fundy´s Minas Basin, Highest Tides in the World, www.valleyweb.com/fundytides/
18. Willian R. Deedler, Just What is Indian Summer and Did Indians Really Have Anything to Do With It? Weather Historian National Weather Service Detroit/Pontiac, MI Fall, 1996
19. History of Nova Scotia, www.littletechshoppe.com/ns1625/nshist01.html
20. Waseem Dr., Gertrud, Deutsche Einwanderungsschicksale in der Gründerzeit von Nova Scotia, Deutschkanadisches Jahrbuch 1983.
21. The Greater Haifax Visitor Guide 2003, International Visitor Center, Halifax
22. Albert Lee, Alexa Thompson, Destination Nova Scotia, Nimbus Publishing Limited, Halifax
23. Jeff Hutcheson u. John McQuarrie, Best of Atlantic Canada
24. Nova Scotia Student Handbook, South Shore, Regional School Board and NSISP
25. History of Nova Scotia, Bk1,Pt1,Ch3, Early European Explorers

**Biographien der Autoren**

**Beate Berg, Dipl.oec.,** geb. in Ranis, Thüringen

| | |
|---|---|
| Jugend und Schule: | Ranis, Thüringen |
| Berufsausbildung: | Medizinisch Technische Assistentin, Studium der Ökonomie (Volkswirtschaft) in Berlin |
| | Fachkosmetikerin |
| Berufsausübung: | Zentrum Ästhetische Fachkosmetik Neu-Ulm |

**Winfrid Berg, Dr. med.,** geb. in Vaucresson, Frankreich

| | |
|---|---|
| Jugend und Schule: | Stuttgart-Zuffenhausen, Baden-Württemberg |
| Berufsausbildung: | Studium Humanmedizin in Heidelberg |
| | Facharzt Innere Medizin |
| | Angiologie, Phlebologie |
| | Facharzt Arbeitsmedizin, Flug- und Reisemedizin |
| Berufsausübung: | Zentrum Ästhetische Medizin Neu-Ulm |

Quellennachweis der Passbilder und fachliche Beratung:
Foto Klein, Frauenstraße, Ulm